教養としての禅

ZEN

人間力を高める
悟りの教え50講

前田憲良 憲良
井橋団平 興禅

大学教育出版

まえがき

近年、世界は不安の中にあります。

そして、今、誰もが〝心ここにあらず〟で仕事をしています。

本書のねらいは禅を通して、ビジネスの中で起きるお悩み事を解決するヒントを得て頂くことです。しかし、本来、禅の修行は何かを目的として行うものではありませんので、ビジネスを成功させる目的で、禅を学ぶことは間違いです。本質的なことは、禅の行を通して「思い方」や「在り方」が変われば、おのずと行動も変わってきます。その結果として、ビジネスで役立つことは間違いないと確信しています。

禅に触れたことがない方にとっては、「厳しい修行をするのではないか？」というイメージをお持ちかもしれません。行は必要ですが、それは苦行ではありません。

曹洞宗の開祖、道元禅師も禅を「安楽の法門」と言っており、続けていくと楽しくなってきます。ウキウキワクワクとは少し違うのですが、毎日、坐禅をすると、新しい自分に出会えます。「昨日、営業件数が多くて足が疲れているな」「今日のプレゼンは完璧で心がスッキリとしてる！」など、毎日、自分の状態は違います。

坐禅中は雑念を持ってはならないと思う方も多いと思います。雑念は自然と浮かんできます。修行僧でお寺の中にずっといるのと違い、仕事をしているビジネスマンであれば、毎日いろんなことが起こり、気になることも多いでしょう。雑念に対して、考えを巡らし続けたり、執着するのは良い坐禅になりませんが、その雑念はほっておくと、自然と消えてゆきます。その後に、心の静寂が訪れます。そんな自分をありのままに坐禅中に観察知して、自分の「思い方」「在り方」を調えるのです。これが体感としてわかってくると、坐禅は大変楽しく、自分の人生で欠かせないものになります。

インドから中国へ禅を伝えた「だるまさん」で有名な達磨大師は禅の学び方を「二入」といい、理論を学ぶ「理入」、実践行で体感で学ぶ「行入」の両方から学ぶことを説きました。これはどんなことでも同じだと思います。どんなに良書を読んでも、それを実践しなければ、何もなりません。本書では、禅の知識と、坐禅行の実践の仕方や、効能などをお伝えしておりますので、是非、学びながらどんどん日々の生活の中で実践していただきたいと思います。

私は駒沢大学を卒業し、約45年ほど前に曹洞宗の僧侶となり、現在は青森県十和田市にある高雲山観音寺の住職をしております。寺の息子ではなく、一般の家庭から僧侶になりました。小さなころから摩訶不思議な出来事が沢山周りで起き、それらのことを解明したいと思い、曹洞宗の門を叩きました。現在も、禅の知識だけでなく、脳科学、量子力学、神道、インド哲学など、様々な角度から禅を理解するために研究しております。共同執筆者で弟子の興禅氏がマーケティングコンサルタントもしており、私の研究に触れて「この成果を一般の方へお伝えください」と勧められたことから、「圓心塾」という塾を作りました。そこでは、多くのビジネスリーダーの方々も学びにいらしていただいています。

禅は何か目的を持ってするものではなく「自分は何なのか?」を究明し、明らかにするための叡智です。よって、特別に、ビジネスが良くなるようなことを教えているわけではありません。

しかし、禅を研究、実践してゆきながら、禅の叡智をコツコツと実践してきた結果、ビジネスにおいても、自分の「思い方」「在り方」を調えてゆくことで、善きご縁やチャンスに恵まれ、それを善く生かすことができると確信しています。私のもとに学びにきたビジネスマンがビジネスをイキイキと成長させているのを見ていると、やはり、どんな環境でもしっかりと禅の叡智を体現できれば、自ずから成果はあらわれるのだと思います。

本書では、私は、さまざまなビジネスにおけるお悩みに対し、禅僧が残した禅の言葉や、経典の一説から50を厳選してご紹介しつつ、解説を担当いたしました。禅の叡智をぜひ、皆さまのビジネスや生活にお役立ていただけたら幸いです。

曹洞宗高雲山観音寺
住職　前田憲良

私は、前田憲良師匠の弟子の井橋興禅（俗名：団平）と申します。大学を卒業後、求人広告や販促情報を扱う企業に12年間勤めました。その後、独立し、企業のマーケティングコンサルティング、セミナー講師のプロデュースなどをする会社を立ち上げました。憲良師匠に出会い、師匠が40年間研究をしていた禅について、学ばせていただく機会に恵まれました。師匠の研究は、曹洞宗の開祖、道元禅師の禅の教えを説いた95巻からなる「正法眼蔵」を解読するため、量子力学、脳科学、インド哲学、神道などあらゆる角度から研究し、坐禅行を行い、自ら体感したことをまとめられたものです。その教えを「禅の7つのプロセス」という題名で体系化し、悟りの世界へステップバイステップで誰でも上って行けるようにまとめられています。その7つのプロセスとは次のとおりです。

①己事究明し我を知る
②真我と出会う
③自他一如の究明
④無心を観照する
⑤無心を放ち己事を知る

⑥仏性と出会い空を知る
⑦成仏と叡智

これらを学び、2020年5月に出家させていただきました。それ以降、「禅の7つのプロセス」を伝える前田憲良師匠の私塾「圓心塾」をプロデュースすることで、主にビジネスリーダーの方々に向け、禅の真髄をお伝えしております。

本書では、圓心塾でお伝えしている内容を踏まえ、師匠が厳選した禅語の教えを実生活でどう活かせばよいかを解説いたしました。

皆さまに近い立場から、禅行を行っている目線でわかりやすく書いたつもりです。ぜひ、ビジネスシーンだけでなく、普段の生活の中でも禅の叡智を活かしていただけたら幸いです。

曹洞宗高雲山観音寺
井橋団平

目次

第2章 無我 ——あなた自身の役割に気づく

第3章 雑念 ——メンタルが強くなるために必要なこと

第5章　活禅　――日常に「坐禅悟り」を応用する

第6章　失態　――悟りが遠のく坐禅の落とし穴

第1章

我利

――あなたが努力しても報われない理由

なぜ一つのことに集中できないのか？

歩歩是道場（ほほこれどうじょう）

日常生活の全てが学び場である。一歩一歩前に進むように、一つひとつの言動が全て修行になっている。
真理の中心にいると気づき、一生懸命生きることが大事である。

――古尊宿語録

自分を磨く道場は〝自分の中〟にある

禅の世界において「道場は己の思考の中にある」と意味する教えがあります。これは「今、起こっている問題は全て、自身を鍛え、磨くための学びと捉えよ。たとえ辛くても、一つひとつ、目の前のことに明鏡止水の気持ちで向き合い、乗り越えることで自身が磨かれる」という意味です。この気持ちで集中することで、叡智が降り注ぎ、問題が一つずつ解決され、心の窓から見える景色の中に「これからなすべきこと〝全ての道筋〟」も見えてくるはずです。「辛」い（つらい）という漢字に「一」を足すと「幸」（しあわせ）になるように、自分の手で、自分の中に一つひとつ〝幸せな成果〟を作り出すことができるのです。

心を疲れさせないために

このIT社会においては、「無意識の動揺」が日常的に起きています。例えば、仕事中や、勉強中に、スマートフォンのSNS通知などで集中力が途切れることも日常茶飯事です。通知内容が少し見えただけで、心が動揺してしまったりします。まさに現代病と言えます。

多くのビジネスパーソンが、プロジェクトを同時並行し、納期に追われて仕事のスピードを求められています。そんな忙しい生活においては、集中力を失ってしまうのも無理もありません。

さらに、プライベートの人間関係で悩みを抱えると、もっと気持ちは散漫になり、一つのミスからドミノ倒しのようにミスを連発してしまうこともあります。自分を責めて自信を失い、「会社に行きたくない」と思うほど毎日を辛く感じる人も少なくありません。

そんな、あらがえない大きな流れの中で、私たちは翻弄されるしかないのでしょうか？

全ての答えは、自分の心の中にあります。たとえ周囲の雑事で心が乱れても、心を緩やかな川の流れのような状態に戻す習慣をつけることで、雑事も一つずつ丁寧に解決できる集中力が少しずつ身に付いてゆくのです。

「身の座禅」と「心の座禅」で動揺しない自分を育てよう

禅の教えに、**「身の座禅」**と**「心の座禅」**があります。

「身の坐禅」とは、体勢や呼吸法などで身体を調える坐禅です。もう少し概念を広げると、「身の坐禅」とは仕事や家事などの日常生活で身体を使う全ての活動と捉えることができます。たとえ静かに坐らなくても、一挙手一投足が坐禅ということです。そう考えると、私たちは自分でも気づかないうちに「禅の真っただ中」にいると言えるでしょう。1秒1秒、禅の中に自分自身が存在していると意識することで、常に心を調える練習になります。

また、「心の坐禅」とは、日常生活において相手に配慮する行為などを指します。たとえば、打合せの前に得意先のより良い状態を願い、そのために何か小さなこと一つに気を回すことなども、それにあたります。「利他」の想念を含んだ、もっとも調和された心の状態に近づき、この連続が幸福度の高い集中習慣として刻み込まれます。

日常で起こるさまざまな事象の一つひとつ、一秒一秒が「心の成長の糧」になる――そう静かに言い聞かせながら目の前の一つのことに丁寧に集中し、一歩一歩こなしてゆく自分を感じ続けることこそ「禅」そのものであると考えます。それによって、日々、昨日よりは今日、今日よりは明日、集中できる自分へと成長するはずです。

問題を解決する人、ただ問題に悩む人

——無門関

大悟徹底（たいごてってい）

煩悩を捨てて完全に悟りを開くことで、真の自己や宇宙の本質を見出すことができる。自己の本来の姿を理解し、行動することが大切である。

悩みがあるのは幸せ

仕事、人間関係、健康、お金、将来の不安など、悩みの種類や深さは人によってさまざまです。「老後の生活は大丈夫だろうか？」「妻との会話が減っている」「職場の嫌な上司に話しかけたくない…」「顧客から大きなクレームを受けてしまった」「契約期限が迫っているのに見込み顧客がいない…」など、日常生活での悩みは尽きることはないでしょう。

それに対して、悩みがあるからこそ、人は成長や発展を遂げるのも事実です。悩みを乗り越え、自分自身の可能性を広げ、自己実現を果たすことができるのです。悩みと向き合うことは、自分自身を客観的に見る機会でもあります。自分が抱える悩みを冷静に分析し、問題点を明確にして、自己理解を深めることができます。また、周囲の人々と話し合い、新しい視点やアイデアを得ることも多いでしょう。

悩むことでどうしてもネガティブな精神状態になりがちです。しかし、悩みを前向きに捉えて解決策を探ることは、自分自身の成長や幸福感を得ることにつながります。

問題を抱えたときのアプローチで結果が異なる

問題を抱えたとき、人は問題に対する行動で大きく二つに分けられます。一つは、**問題にただ悩む人**、もう一つは、**問題を解決する人**です。問題にただ悩む人は、自分自身の悩みにとらわれ、問題を解決するための具体的な行動を起こさない傾向があります。それに対して、問題を解決する人は、適切な情報を集めて行動することで問題解決を図ろうとします。

問題を解決するためには、問題に対して冷静に分析することが必要です。「問題は何なのか?」「その問題の根本はどこにあるのか?」「解決策は何か?」を明確にした上で、解決に向けたアクションを起こすことが大切です。また、周りの上司や同僚、友人や家族に相談したり、意見を聞いたりすることも重要です。

競合企業の商品を研究したり、クライアントの問題や課題を捉え直したり、自社商品の優位性を確認したりして、突破口を切り開く行動を取ることが必要でしょう。

自我を消し、真我(しんが)を発揮すれば全ての問題は解決できる

禅には「己事究明」という教えがあります。文字通り、己(おのれ)を究明する。ただ単に、自己分析などをして、自分を振り返って知ることではなく、言葉では表せない、「本当の自分」を探し求め、明らかにすることをいいます。

人には一人ひとり、生まれ持った資質があります。その資質を自分自身で開花させるた

めには、自分の中の執着や煩悩などの「自我」を消し去り、「真我」という「本来の自分」を発揮させることが必要です。

「この問題を解決できなかったら社内での立場が悪くなる…」とか「なんで自分ばかりに問題が起きるんだ！　本当についていない…」など、「自分の損」に注目しているのが、問題にただ悩むという状態です。逆にいうと、自分の利益「我利」が得られないことに悩んでいるのです。これが「自我」が強く出ている状態です。

禅の修行を行うことで、心が鎮まったり、集中力が増したりする表層的な感覚で捉えられる成果はすぐに現れます。さらに、己と向き合い、究明するように修行を進めてゆくと、その先に「本来持つその人の資質」が開花してゆきます。自我が消え、真我として発揮されてゆくのです。

もう少し、具体的に自我が消えてゆくプロセスをお伝えします。禅の修行を進めると、自分では認知できない深層意識が浄化され、キレイになります。深層意識が汚れている状態では、どんなに前向きなことを考えて努力しようとしても「どうせ、私なんてできっこない」「今までも上手くいかなかった」「こんなことやっても無駄だ」など、自分でも認識できない意識が働きます。その意識が少しでもあると、脳や筋肉はそれに反応し、無意識にブレーキを掛けているような状態になります。このような状態では、どんな問題も解決できません。結果、ただ悩む人になってしまいます。

禅の修行をし、自分と向き合い、自我を減らして、無意識の中のブレーキを外すことにより、「どうしたら解決できるか？」に自然と向き合うことができます。そうすることで、解決に向かってゆける人になります。問題の大きさ、深さによって、やり方や時間に違いはありますが、必ず解決に向かってゆきます。本来の自分「真我」を発揮し、その人しかできないような解決への道を進んで行くことができます。気がつけば、一目置かれる存在となっているのです。

虫の目、魚の目、鳥の目による俯瞰の視点

——正法眼蔵弁道話

本来面目（ほんらいめんもく）

全ての人が生まれながらに持っている資質、使命、目的のこと。本来の自分を取り戻せば人は大いに成長し、積極的に人生を歩むことができる。

3つの目を合わせ持つことで大きな成果を上げられる

人生やビジネスでも大きな成果を上げている人は、物事を複眼的に見ています。虫の目、魚の目、鳥の目の3つの視点を持つとは、多様な視点から物事を見ることです。各視点に切り替えて行動することで、周囲が想像すらできなかった好結果につながることがあります。

●虫の目……細かい部分までしっかりと見つめることが可能です。

アリは人間の目では見落とすような小さな物を見つけて食べています。

あなたが虫の目を持つことで細かいディテールに気づけるため、微細な問題や課題を解決することができます。何か問題が起きたとき、あるいは、予期せぬ成果が出たときなどに、その原因を探すために目を皿のようにして詳細なデータを見なければならないようなときに、虫の目が力を発揮します。

●魚の目……大海の潮の流れを読むことができます。

自分の現在地や餌となるプランクトンの多い場所、天敵の少ない場所などを知ることも可能です。

あなたが魚の目を持つことで、時代の変化や流行をいち早く捉えることができるため、人生やビジネスでも先を読んだ一手を打てるようになります。規制緩和の法改正が行われたり、新しい技術が開発されたり、逆に景気が大きく後退してゆく、市場の流れが大きく変わるようなときでも、その流れをよく見極めることができるのです。

●鳥の目……　高い位置から全体を俯瞰して見ることができます。

大局的な視点を持つことで、全体像を把握した上で物事を考えることができます。

あなたが鳥の目を持つことで、広い視野で戦略的な判断を下すことができます。市場全体の構造を大きく捉えるため、競合企業、カスタマー、自社の現況を3Cのフレームで見て、自社の戦略を決めていけます。このようなときには、鳥の目が有効になるでしょう。

これら3つの視点をあわせ持つことで、問題解決のアプローチを多角的に行うことができます。例えば、細部に気づくことで顧客からのクレームを未然に防いだり、時代の流行をふまえた商品開発を行ったり、業界全体を把握して経営戦略を練ることも可能です。この3つの視点を切り替えることで、大きな成果を上げることができるのです。

本当の自分を知ることで、多面的に物事を捉えられる

「本来面目」を知ることとは、「本当の自分を知る」ことです。本当の自分を知るとは、「自己の執着を知り、それを捨てる」ことです。そうすることで、自分が見たいという我がまな自我から見る「我見」で物事を見ることをやめられます。

対立は、善悪、損得、愛憎など自我の執着から生まれます。対立する観念を捨て「物事をありのままに捉える」ことは大切な一歩となります。そのために、禅の修行をするのです。

禅の修行をし、自らを祓い清めることで、仏教の教えである「八正道」という理想の境地に達するための道を歩むことができます。

八正道とは、①正見（正しく観る）、②正思（正しく思う）、③正語（正しい言葉）、④正業（正しく行う）、⑤正命（正しい生活）、⑥正精進（正しい努力）、⑦正念（正しい思念）、⑧正定（正しい精神統一）の8つです。

例えば八正道の一つ目である「正見」を持てず、執着をもった「我見」を持っている人がいます。この人は、全てが間違った努力となり、たどり着きたい道を歩む

八正道

- 正　見…偏りなく、ありのままに見る見方
- 正　思…偏りのない考え方
- 正　語…偏りのない言葉づかい
- 正　業…偏りのない行い
- 正　命…偏りのない生活
- 正精進…偏りのない正しい努力
- 正　念…偏りのない「いま」の心
- 正　定…正見～正念を自分の中に定める。禅定

ことはできません。また、俯瞰して観ることが好きで、鳥の目で大局だけ観ていても、魚の目で世の流れや、虫の目で自社の細かなところを観ていなければ、たどり着きたい場所へ進む正しい道が見えてこないのです。執着を取り払い、「我見」を捨て、物事を多角的にありのままに「正見」することが大切です。自らを祓い清める禅の修行を行うことで、理想のゴールにたどり着く道を進むことができるのです。

他人の幸せを願うこと

自他一如（じたいちにょ）

自分と他人は本質的に同じ存在である。つまり、自分と他人を分け隔てる境界線はなく、自然を含めた全ての存在は一つである。

——正法眼蔵菩提薩埵

他人の幸せを願う余裕のない人が増えている

現代の社会では、個人主義や競争原理が一般的な価値観として広まっています。これにより、自分自身の利益を追求することが当然のような風潮があります。

それが行き過ぎた結果、人をだましてお金を得ようとする詐欺グループの事件などの報道が増えてきていると感じませんか？　現代の日本では、このような我利の価値観が定着することで、他人の幸せを願える人や心の余裕を持つ人は減少していると感じます。社会の競争が激しくなった結果、生活の安定が優先されるのはある意味仕方のないことかもしれません。

自然界では、動物や植物たちは自分自身の生存や繁殖に集中しているため、他の生物の幸せや繁栄を願うことはありません。自分が生き残らないと、種が滅びてしまうからです。自然界の法則は、適者生存に必要不可欠なことだと言えます。

一方、人間は理性や道徳心など、自分自身だけでなく、他人や社会全体の幸せや繁栄を考えることが可能です。そして、本来日本人は江戸時代から明治時代に活躍した近江商人の「売り手によし、買い手によし、世間によし」（三方よし）という哲学が示すように、自分だけでなく、顧客、社会の発展を説いていたのです。

全てはつながっている

「自他一如」という禅語は、簡単に言うと「自分と他人は本質的に一つの存在である」という意味です。禅語には、一如という言葉がたくさん登場します。

例えば、「梵我一如」という言葉もあります。梵は宇宙です。「宇宙と自分は一つである」という意味です。坐禅行を進めると、身心脱落をしてゆきます。つまり、自分の身体、心の感覚が空になってゆくのです。実際に、手足がついている感覚が無くなってゆきます。そうなると、自己の身体、心は全ての存在と一つになります。坐禅の中で得られた、言葉にできない感覚が、自他一如の叡智の真髄です。

そして、坐禅で得た自他一如の叡智の真髄を、実際の生活の中で活かすことが大切です。この叡智をもってすれば、自己や自社の利益の為だけを考えて動くことの愚かさが、必ずわかるはずです。自分も他人もない。全ては一つ。英語ではonenessとも言います。

人間も、宇宙や自然界の中の一つの生き物に過ぎません。自然の大きな循環の中に生きています。それをわからずに、人間の都合だけで自然や環境を破壊すると、自然の循環の法則が崩れ、全てが狂ってゆくのです。

他人の幸せを願うと、自分に幸せが返ってくる理由

では、他人の幸せを願うと、なぜ自分に幸せが訪れるのでしょうか？

仏教には「**因果応報**」という言葉があります。これは、自分の行いに応じた結果が自分に返ってくるという法則です。「返報性の法則」とも言われ、宇宙の法則としても知られています。

ある会社に全く売れない営業マンのＤさんがいました。Ｄさんは、万策尽き、せめて何か人と違うことをしようと考えました。そこで、Ｄさんは商談がある度に、出されたお茶の全員分の湯呑を担当者が片付けやすいように、一箇所にまとめることにしました。それを続けていたら、商談先の一社から初めての大口注文が入ったのです。驚いたＤさんが詳しく話を聞いてみると、湯呑を片付ける担当の女性から「あの人であれば、きっと良い仕事をしてくれると思います」という言付けが、発注先の社長さんにあったそうです。

ほんのちょっとした他人の幸せを願う行動でも、実際に他人がそう感じると、その人も恩返しをしたいと思ってくれます。このように、他人の幸せを願う行動をすると、巡り巡って自分自身にも幸せが返ってくるのです。小さな取り組みでも、大きな幸せとなって返ってくることがあるのです。

何もかも闇雲に捨てていませんか？

――松尾芭蕉の俳諧理念

不易（ふえき）と流行（りゅうこう）

「不易」とはいくら時代が移っても変えてはいけないものであり、「流行」とは時代とともに変えたほうがよいものである。激動の時代でも、不変の原理原則を守りながら、新しい流行も取り入れる柔軟さも大切である。

変えてよいもの、変えてはいけないもの

人生において、変化は避けて通れないものです。時代の変化や環境の変化、そして自分自身の変化など、人の一生にはさまざまな変化が起こります。しかし、変化を受け入れることが苦手な人もいます。その一方で、時代に合わせて全てを変える嗜好の人もいます。どちらかが正しい、間違っているということはありません。ここで伝えたいことは、世の中には変えてよいものと変えてはいけないものが存在し、それを見極めることの重要性です。

例えば、変えてよいものとは、自分の習慣や癖などです。自分自身を改善するために行動を変えることは大切です。また、自分の環境やライフスタイルなども変化させていくものでしょう。新しいことにチャレンジしながら自分を変化させた結果、自己成長につながるのです。

一方で、変えてはいけないものもあります。例えば、人の倫理観や信念などは、大切なものであり、いくら時代が変化しても、人としての根幹にある部分として守り抜くという姿勢が大切です。

儀式を執り行ったほうがよい理由

変えてはいけないものの一つに、葬式があると思います。新型コロナウィルスの流行により、葬式のスタイルも大きく変化しました。家族だけで少人数で行う家族葬も流行しました。最近ではより簡素化されて、火葬場で納骨だけを行い、葬式すらしないケースも増えてきました。お経を読まないので、お坊さんを頼む必要もありません。

家族葬を否定しませんが、葬式だけは必ずやったほうがよいと考えています。なぜなら、葬式をしなかった場合、残された家族が「葬式をやらなかった」という思いが一生残るからです。生きている間ずっと、「どうしてあのとき、お葬式をしてあげなかったのだろう…」「今も成仏できずに近くを漂っているかもしれない…」と、後悔の念が残ってしまいます。

そもそも、葬式の目的は、残された家族の心のつかえを取ることなのです。葬式で大切な儀式に、最後に読み上げる**回向文**（えこうもん）というものがあります。回向とは、故人が生前にした善行で得た功徳（くどく）を、周りに回（めぐら）し向けることを意味します。この回向文を聞くことによって、葬式に参加した家族や友人は「周りの人に貢献した素晴らしい人生でした。安らかに眠ってくださいね」と、故人にきちんとお別れができるのです。さらに、回向文をお唱えすることで、葬儀参加者へ功徳が積まれ、皆に幸せが巡るのです。

また、最近は結婚式も変わってきています。写真撮影だけで終わらせるフォトウェディングも流行しています。安い費用でできることや、コロナ禍のため大勢で集まれない背景から、広く浸透しました。

しかし、儀式には忘れてはならない大切な役割があると考えています。それは、参加者同士のつながりをつくっていることです。儀式をあまりに簡素化し過ぎて、親せきや友人が集まる機会が激減しました。その結果、以前より人間関係が希薄になりました。社会とのつながりが希薄になったことが、鬱や自殺などの増加の遠因にもなっていると考えています。

人生とは、常に変化があるものであり、まさに諸行無常と言えます。その中で、変えてよいもの、変えてはいけないものを見極め、それぞれに適切に対応していくことが大切です。このようなスタンスこそが激動の時代でも自分を大きく成長させ、豊かな人生を創造できるのです。

相手との間の取り方を意識する

事を執するも元これ迷い、理に契うも亦悟にあらず

——参同契

源流の教えから分かれた支流の教えだけでは迷う。
逆に、源流の教えだけを知るだけでも悟りには至らない。

人は一人では生きてゆけない動物である

人間は産まれてから社会で一人前に生きてゆけるまでに、20年近くかかります。ここまでの時間がかかる動物は人間以外、例がありません。

仕事でも、一人で完結できる仕事はほとんどないのが現状です。ビジネスの世界では、同じ会社で共に働くだけでなく、さまざまなプロジェクトで外注先や協力企業の人と共に働くこともあります。このような環境では、良好な人間関係を築けないと、仕事を進めてゆくことは非常に困難になります。

アドラー心理学では、人間関係にまつわるタスクは3つあるとされています。

① **愛のタスク**「家族、夫婦、恋人などとの最も深く関わる関係」
② **交友のタスク**「友人・知人などの関係」
③ **仕事のタスク**「仕事上の人間関係」

関係構築の難易度もここで挙げた順番になります。これは、相手との人間関係の距離の近さに比例しています。この3つの人間関係を良好にできれば、人生の課題は全てクリアできるとアドラーは言っています。まさに「人間関係は人生そのもの」なのです。

部下が成長し、いきいきと働ける上司との関係とは?

例えば、職場での上司と部下の人間関係を考えてみます。上司と部下が良好な人間関係を築くためには、立場や役割を超え、相手の人間性や価値観を尊重し、人として対等な関係を築くことが大事です。上司も部下も、お互いが持つ能力や経験を認め合うことで、信頼関係が深まり、その結果、仕事の効率や成果も向上します。そのような関係を築くためには「互いを知る」ことが第一歩です。よく、互いを知るために「１ｏｎ１」ミーティングをしましょうと言われます。しかし、単に話す場を用意するだけでなく、お互いのことを知るための工夫・努力が必要です。特にこの努力が上司には求められるでしょう。

ここで、禅修行における師匠と弟子の関係構築の方法をお伝えします。道元禅師は、禅修行の基本は、「弟子は悟った師の下に訪れ、一緒に坐り、師のまとう気配を感じ、自分の気を調え高めてゆくこと」だと説いています。

つまり、仕事に置き換えると、上司は部下と共に過ごし、部下を引き上げるような人間性を磨かねばならないのです。自己を見つめ、自分の執着に気づき、それを取り払うことが重要です。自分の執着が出発点となり、自分本位の言動だけでなく、パワハラやセクハラなどが生まれます。上司が自分を見つめ、自分の執着を知り、それを取り払う。これが良い上司・部下の関係を構築するための一番の土台となります。

事を執するも元これ迷い、理に契うも亦悟にあらず

「事」とは「分かれた支流の教え」を意味し、「理」とは「源流の教え」を意味します。分派した教えや解釈をあれこれ学んでも悟れず、また、教えの根本真理だけを知っても悟れない。偏りなく学び、自分の中で熟成し、融和することで悟りへの道が開けるという教えです。

人間関係に当てはめて考えてみます。さまざまな人と薄く広く付き合いを広める人もいます。また、「この人だ！」と思った人とだけ、お付き合い深める人もいます。どちらの人も大事を成すような良質な人間関係は築けないということを伝えています。広く浅い関係と狭く深い関係を両立しながら、建設的で良好な関係を築く「間」の取り方を、自分の中に熟成させるのです。

偏りがあると、「間」ではなく「魔」になります。中にある漢字が、「日」から「鬼」に変わっています。「魔」は執着を表します。「電話魔」など、一つのことに執着するのが「魔」です。

上司に「魔」があるからこそ、パワハラ、セクハラなどという関係に陥るのです。建設

的で良好な人との「間」にはお日様の「日」が入ります。適切で調和した「間」を取る感覚を鍛えるために、坐禅の中で、自分の執着を観つめ、「魔」を消してゆくのです。

部下と向き合う中で、時には「間」を詰め、時には「間」を開ける。その心と身体の感覚を自分の中に養うことが、良好で建設的な人間関係を構築する要諦です。誰とでもこのような人間関係が築ける人は、必ず仕事の成果が出せる人材になると言えるでしょう。

自分の心に目を向ける

至道無難　唯嫌揀択　但憎愛莫　洞然明白

（至道無難、唯揀択を嫌う。只憎愛無ければ、洞然として明白なり）

――信心銘

悟りの道は難しいものではない。ただ、ありのままに見るだけでよい。
すでにそのままで完璧なもの。善悪、好嫌と分けなければ、明白である

「我他彼此」になっていませんか？

仏教用語で「我他彼此」という言葉があります。意味は、我と他、彼と此で二者が対立して「私は私、彼は彼」と考えてしまうことです。「建物がガタピシと音がする」のように表現することがありますが、じつは、この「我他彼此」という仏教用語に由来しています。

会社での人間関係においても「我他彼此」は見られます。例えば、会社の部署間での軋轢で、よく営業と製造が「我他彼此」しています。営業がなんとか顧客から受注してきた短納期の案件があるとします。そのとき、営業は製造に対して「苦労して売ってきたんだから、なんとか短納期で作ってくれ！」と言います。一方、製造は営業に対して「そんな短納期では良いものは作れないよ！」と言い返します。ビジネスシーンでは、このような「我他彼此」は日常的に起こっているでしょう。

なぜ利他的な行動ができないのか？

我他彼此しないためには、相手の利になる言動をすることが最も有効ですが、昨今、利他的な考えで言動する人が少なくなってきている気がします。なぜでしょうか？

一つの理由は、個人主義的な社会の影響です。現代社会では、自己の利益や成功が重視される傾向があります。個人の欲求や競争心が強まると、他者への配慮や共感が後退してしまうことがあります。

また別の理由には、社会的なストレスや不安、競争の激化などが背景にあります。まずは自分自身の安全や生存を守ることが先決と考え、他人を助けるということが二の次になってしまうのです。

利他的な行動を取ることで、人間関係の質を向上させ、個人の幸福感や満足感を高めることができます。他者への思いやりや支援の手を差し伸べることによって、人々は絆を深め、共同体を形成することができます。このように、他人の利益を考えられる利他の人が増えることは、社会全体の発展にも貢献するのです。

自他を分けなければ、正しい道がわかる

冒頭の禅語は端的にいうと「何事も、分別しなければ悟れる」という教えです。「ライバルと自分」を分別するから、相手の言動に反応し、ときに嫉妬したり、傲慢になったりと、相手の言動によって、自分の気持ちや言動が変化するのです。

そうならないためには、相手と自分との隔たりをなくし、ただありのままに状況を観るのです。そうすれば、自然と自分のやるべき行動が観えてきます。これは、利他のさらに一歩先ですが、「自他」を分けないのです。相手と自分を分けずに、一つのものとして捉え、俯瞰してその状況をありのまま観る。坐禅は、その視点視座を持つための最適な訓練になります。

　俯瞰して物事をありのまま観ることができる人は、どんな難題にぶつかっても、周りの人の言動に左右されず、自分がなすべきことが自然と観えてきます。禅の教えでは、他の人と隔たりを無くすことだけでなく、宇宙全てのものと自分が一体である感覚を持つ必要性を教えています。禅語の「梵我一如（ぼんがいちにょ）」です。「梵」は宇宙であり、「宇宙と自分は一つである」というのが悟りの世界です。禅の行を積むことで、全てはつながって調和していることがわかると、宇宙の一部である自分の役割が自然と観えてくるのです。

第2章

無我

――あなた自身の役割に気づく

「坐禅による悟り」とは何か？

身心脱落 脱落心身

——正法眼蔵現成公案

坐禅する時に全身の力みを解放すると、心も解放され、煩悩が滅されていく。熟達してゆくと、空の境地に達する。坐禅の要諦の教え。

なぜ煩悩が生まれてしまうのか？

人は生活の中で無意識のうちに物事や人間関係に執着しています。「この服を着たら周りからどう見られるだろうか？」「仕事で疲れていても妻が労ってくれない」「上司が不機嫌で自分までイライラした」など、多種多様な煩悩が生まれては消えています。

じつは、このような煩悩の原因は、全て私たちが自分自身で生み出しています。その根源が「二見（にけん）」という思考習慣です。これは、「有る、無い」「善、悪」「広い、狭い」など、判断を二分する物の見方や考え方のことです。今の状況を「悪い」と判断した瞬間に大きな苦悩に支配されてしまいます。そして、坐禅を行うと、全てあるがままに受け止める状態、つまり、

――起きている事象をありのまま捉えるが、感情は動かない状態――

になります。この状態になることで、悪感情とストレスが消えてなくなるのです。

坐禅後には、冷静かつ客観的に状況を見ることができるので、最適な解決策も自然と浮かんできます。苦悩が消えて、快適で冷静な心持ちで物事を捉えることで、何事においても、最適でクオリティの高いパフォーマンスを発揮できます。多くの一流のビジネスマンやアスリートが瞑想を取り入れているのには理由があるのです。

執着のない本当の自分に出会う方法

冒頭の「**身心脱落 脱落身心**」という言葉は、道元禅師の教えです。この言葉は、本来の自分の身心に立ち戻ることの大切さを教えてくれています。坐禅を行って五感や物事の見方、感じ方を手放すと「身心脱落」となり、執着のない本当の自分に出会うことができます。この時、「身心脱落したので自分は悟りが開けた」と思う人もいます。しかし、その悟った状態に執着しないことが大事です。執着することで、悟った状態から離れていってしまうからです。

目標を叶えるコツは忘れること

さて、ここで面白い事実があります。それは、坐禅が終わった途端に、坐禅前に抱いていた目標への最短距離が見えて、急速に物事が進む場合があるのです。

日々、仕事のあらゆるシーンで悩んだり、迷ったりするでしょう。坐禅中でもその思いや考えはなかなか消えません。そのようなときは、逆にとことんその煩悩を頭の中で追いかけるのです。やがて、追いかけることに飽きてきます。平たい言い方をすると「なんとなく、どうでもよくなってきた」という感覚になります。それが**執着を手放した状態**です。

その状態から深い坐禅に入ってゆき、坐禅後にはスッキリと整理された解決策や打ち手が見えてくることがあります。手放すことでスペースができるため、本当に欲しいものが自分の中に自然と入ってくる感覚です。

坐禅というと「雑念を持っては駄目」と考えがちですが、その思考自体も執着になります。どうしても坐禅中に雑念が消えないときは、その雑念にとことん飽きるまで執着してください。逆説的ですが、それによって執着を手放せることもあります。そのように工夫しながら坐禅をして、修行は進んでゆくのです。

座禅による悟りは「全ての存在と調和し、宇宙そのものとなること」です。天地人という言葉があるように、自分自身が全ての存在と調和されていると、宇宙の叡智が自ずと降りてきます。叡智を活用できるようになれば、突発的な出来事が発生しても、適切な行動を取れるようになります。身体から発している振動数が全ての存在と調和するため、自然とあらゆる問題が解決へと導かれるのです。

前に進むために必要なこと

洞然明白（とうねんめいはく）

――信心銘

洞穴のように心を無の状態にすれば、全ての事象が明白になる。
好き嫌いを捨てれば、悟ることはそれほど難しくはない。

好き嫌いが判断を誤らせる根本原因

人は好き嫌いがあるからこそ、判断を誤ってしまいます。好き嫌いから感情が生じると、物事を客観的に見ることができなくなるのです。

例えば、職場にＡさんという嫌いな同僚がいると仮定します。Ａさんは仕事に関して優秀で、あなたの苦手な作業を得意としています。あなたはＡさんのことを嫌いなので、自分から話しかけることはありません。

ある日、上司からあなたの苦手な仕事を頼まれたとしましょう。その仕事にあなたが取り組んだら1時間以上かかりますが、Ａさんに頼めばほんの10分で終わる作業です。しかし、あなたはそのことを理解しているのにもかかわらず、Ａさんが嫌いなので、自分で作業をしました。

このようなことは、全国の多くの職場で日常的に起こっているでしょう。今回のケースでは、作業効率で考えると、6倍以上の時間を費やし、結果的に生産性が6分の1以下にダウンしています。すなわち、好き嫌いで判断すれば物事が前に進まず、自分で自分の首を絞めてしまうのです。

心を無にすれば仕事も円滑に進む

禅の教えに、「**洞然明白**（とうねんめいはく）」という言葉があります。自分の心をまるで洞穴のように無の状態にすることで、身の回りの全てのことがクリアになるという意味です。雑念があると、さまざまな感情が入り組み、物事が複雑に思えるため、解決することが難しくなります。この雑念というのは、ほとんどが自分の好き嫌いから生まれています。

例えば、簡単な事務作業でも、サクサクと処理できる人もいますが、苦手で嫌いな人は後回しにしてなかなか進みません。作業が溜まってくると、仕事が溢れてくるプレッシャーを感じます。その結果、心が忙しくなり、ストレスが溜まってゆく……このような経験はありませんか？ 本来は、整理して作業をすれば、短時間で終わる仕事にもかかわらず、未完了の仕事を溜めることで、大きなストレスとなります。好き嫌いを捨て、雑念を取り払って取り組むことで、物事はストレスなく円滑に進みます。

そのための簡単な解決策の一つは、呼吸を整えることです。**呼吸を整えること**で思考がクリアになり、心がリラックスして楽に生きられるようになります。

坐禅をすることで解決策が降りてくる

呼吸を整えることは、私たちの心と体を調和させます。人間関係においては、心が落ち着いた状態で他人と接すれば、相手の言葉や感情を理解した適切な対応ができるようになります。

そして、坐禅をすると、呼吸が整い、心が調います。

坐禅は、全ての物事をフラットに観るために最適な修行です。「**調身→調息→調心**」の順番で、身体、呼吸、心を調えてゆきます。坐禅中は、自分を外側から映すカメラで観るように、客観的なもう一人の自分で、ありのままの自分を観ます。姿勢、身体の力み、呼吸の乱れなどを観察しながら整えます。そして、「あぁ、ここに執着しているんだな」「こんなことに怒っているんだな」「こんな悲しみがあるんだな」など、心も客観的に観てゆきます。

身体と呼吸を観察すれば、姿勢や力み、呼吸の乱れの原因はすぐにわかります。慣れてくると、誰でも坐禅中にすぐ直せるようになります。これは、心も同じです。「好き」「嫌い」「怒り」「悲しみ」などの雑念を観察すれば、その原因は明確になります。

そして、身体と心を観察して原因が判明したら、その状態を「観照（かんしょう）」します。観察は対象を特定し、変化をつぶさに観ることですが、観照は対象を特定せず、心静かに全体を見守ることです。起きている物事や感情には、全て因縁があります。その原因がわかり、それを心静かにありのまま観照すれば、自然と解決策が自分の中に降りてきます。

なぜなら、主観を抑えて自分を観つめることで、自らを過信することも、謙虚になりすぎることもなくなり、問題がシンプルに観えてくるからです。そうすると、自然と解決するための言動を行ってゆけるので、物事がスムーズに進むのです。

禅の教え
10

禅とマインドフルネス

――一心知観経

四威儀（しいぎ）するの活禅修行

「歩く、家での活禅、坐る、臥せる」の日常の行動全てに禅がある。

坐禅とマインドフルネスの決定的な違いとは？

近年は瞑想がある種のブームとなり、世の中に広く流行してきました。例えば、日常生活で集中力を高めるために瞑想を活用したり、リラックスするために瞑想を取り入れる場合もあります。瞑想の人気が拡大した理由の一つにマインドフルネス瞑想があります。

マインドフルネス瞑想とは、呼吸に意識を集中し、無の境地をつくり出す心の訓練のことです。米国マサチューセッツ大学医学部の教授、ジョン・カバット・ジン博士が、ストレス軽減法として1979年に提唱。瞑想によってストレス症状を和らげるための治療として用いられています。その後、米国Google社が企業研修に取り入れ、ビジネスの分野でも大きく広がりを見せました。

坐禅とマインドフルネスは一見すると同じに見えるかもしれませんが、決定的に大きく違う点があります。

マインドフルネスは、瞑想によるストレス軽減、不安解消、集中力向上など、効果を期待する「目的」を持って行います。それに対して、**坐禅は目的を持たずに行います。**「目的の有無」が一番の違いなのです。

坐禅の中でも、深い瞑想に入ってゆくまでに、息を数える「数息観」という技術があります。これは、坐禅に集中してゆくための入口の技術であり、マインドフルネスと同じく目的を持って行う技術です。また、マインドフルネスは瞑想を行うことで、得られる心や身体に起こる変化を得るために行うものです。ビジネスやスポーツの世界ではとても有効な技術だといえます。

自分の在り方が結果を決める

禅の修行に入る前には「発心（ほっしん）」を最初に行います。発心とは、心に刻印をするように誓うことで、修行の目的を明確にすることです。「絶対悟りの境地に達した！」「ビジネスで成功した！」など、自らの心に刻みます。このように、大いなる目的を持って修行に励むのです。

しかし、一度それをグッと胸に刻み込んだら、執着してはなりません。いわば「求めて、求めず」であり、目的に執着せず、目的を手放すのです。いったん目的から離れた状態で坐禅をすることで、自分が成し遂げたい状態にすでになっているのです。

物事を成し遂げたときには「こうなりたい！」「成し遂げたい！」という発心で胸に刻印した思いはありません。すでに達成した状態なので、達成したい思いはないはずです。その境地に達していれば、執着は消えています。坐禅中も最初からこのような状態を目指すのです。

そして、日常の行動の全てをこの状態で過ごします。これは、禅の教えでいう「行住坐臥（ぎょうじゅうざが）」です。結果はまだ出ていなくても、自分の在り様は結果が出たときと同じ在り様になっています。その在り様で全ての言動を行います。その結果、目指した場所に自然とたどり着くのです。ですから、本人には「ゴール地点に到着した！」という喜びも興奮もありません。始めから、心持ちは達成した場所にいるのですから、淡々としています。禅の修行を行うと「思ったことが思ったようになる」のです。このような流れで思いが実現するのです。

坐禅でネガティブな気持ちが消えるまで

一方で、「禅の修行をしても自分が目指すところに辿りつかない…」と言う方もいます。このような方は、発心しても深層心理では「でも、自分がそのようなことをできるわけがない……」と自分を疑う〝心の汚れ〟が残っています。この思いが、そのまま現実に叶っています。じつは、こちらも「思ったことが思ったようになっている」のです。

禅の修行では、このような状態を脱することも可能です。ここでは、その手順を説明しましょう。

まずは、坐禅中に、自分自身がＭＲＩ装置になったつもりで頭の先から足の先まで、隅々までスキャンする意識で状態を確認します。「身体のこわばりや力みなどがどこにもないか？」と細かく念入りに確認してゆきます。

このとき、深層心理にネガティブな思いが存在していると、必ず身体のどこかにサインが現れてきます。そのサインに気づき、一つずつ解放してゆきます。そして、身体のどの部分にも力みがなく背骨から頭の先まで抜けてゆくように伸びている状態にします。つまり、身体の脱落です。これができると、自然と心が脱落し、解放されてゆきます。

全ての執着やネガティブな思いなどがなく、ただただ坐っている。そうすることで、ネガティブな心理が自分の中にあることを、坐禅中に気づき認めるのです。その気づきにも執着せず、あるがままに自分の中にあるものを認める。ただその思いと共に身心脱落して坐る。それをくり返していると、ネガティブな気持ちは、自然と消えてゆきます。

悟りによってなくなる境界線

——法華経

実相(じっそう)を照らし、惑(まど)いを断ずる

もともと境界線というものはない。自分が創り出している幻想である。
普段の生活にある事柄（実相）を明らかにして迷いをなくすこと。

境界線とは人間のつくり出した幻想である

禅の教えでは、「境界線というものはない」と説いています。例えば、自分と他人、人間と自然、自分と宇宙など、区別せずに同じものだと考えるのです。そもそも、境界線とは人間が勝手にあると思い込んでいる幻想にすぎません。

宇宙飛行士の毛利衛さんが「宇宙から国境線は見えなかった」という言葉を残していま す。私は、この言葉は真理を捉えていると思います。

禅では、先入観を持たずに物事をありのままに「観る」ことを大切にしています。そして、あらゆる所に境界線があると考えることを「二見（にけん）」と呼びます。二見とは、「こちらが良い」「あちらが悪い」「こちらが好き」「あちらが嫌い」など、2つに分けて観る見方のことです。二見があるから、憎悪や執着などの雑念が生まれるのであり、二見なく物事をありのままに観ることで、真理を悟ることができるのです。

真理がわかれば、「それにどう向き合うのか？」と自分で考えるまでもなく、雨が降ったら傘をさし、暑くなったら上着を脱ぐように、自然と答えは出ます。

また、ありのままに観ることは、宇宙や自然と調和して、一体になることでもあります。自分と周りの世界の境界線がなくなることを禅で

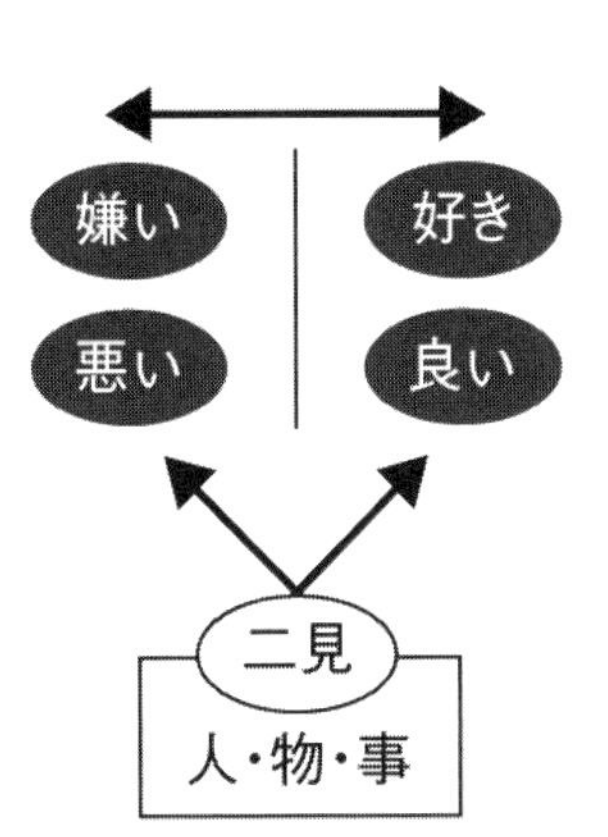

は「一如（いちにょ）」といいます。この一如の状態になるためには、思慮せずに眺める――「不思慮」で観るための訓練が必要になります。

坐禅で境界が解けてなくなる感覚を養う

では、自分と世界の境界線をなくすためには、何をすればよいのでしょうか？　それは坐禅をすることに尽きます。

道元禅師は坐禅の要諦を「心意識の運転を停め、念想観の測量を止めて、作仏を図る事莫れ」と説いています。「心を止滅し、思考を止め、仏になろう（悟ろう）と思うことをやめなさい」という意味です。身体と共に心と頭のリラックスができなければ、坐禅にはなりません。筋肉、内臓、骨格まで内観をし、脱力して、脳が穏やかな海に浮かんでいる感覚になることが理想です。この状態が身心脱落の状態です。ここまで達すると、自然と自分と外界の境界が解けてなくなっていく身体感覚が得られます。「何となくそんな感じがする」というレベルではなく、本当に自分の身体と外界の境目がわからなくなるのです。

坐禅の中で得た、このような身体感覚は、日常でも活用できます。例えば、見方が激しい「二見の人」は直観的にすぐにわかるようになります。二見の人は、嘘をついたり、言動が一致しないなど、周りからの信用・信頼が得られず、深い人間関係を持つと仕事やプライベートでも大きな支障をきたしてしまうことが多いのです。

坐禅の叡智は一如の世界をつくる

禅を学んでいる経営者の方々は、二見の人を見分けられます。ある経営者の方は、会社の採用面接時や取引先の選定時が楽になったと言います。つまり、相手の発している言葉に惑わされず、直観的に信用できるかどうかが判断できるようになったのです。相手の本質がわかるので、採用・不採用の判断などを瞬時に下すことができます。逆に、優秀な人財や取引先が向こうから自然と集まってくることもあります。

道元禅師は、さらに修行が進んだ状態をこのように説いています。

「自己を忘るることといふは、万法に証せらるるなり、万法に証せらるるといふは、自己の身心および、他己の身心をして脱落せしむるなり」

これは、「身心脱落することで、一切の存在の本質に到達する道が開かれる。それを実現したときには、自己のみならず他己の身心を脱落させることが可能となる」という意味です。道元禅師は、自ら坐禅で身心脱落して得た叡智は、他人にも影響を与えられるということを説いています。

修行の初期では、二見の人が直観的にわかるようになります。さらに、修行が深まると、二見の人たちに良い影響を与え、悟りへ導く導師としての役割を担うようになります。その結果、世界は境界のない世界となってゆきます。このような境界線のない一如の世界をつくっていくことが、禅では可能なのです。

自分の役割に気づくことが悟りの境地

――摩訶般若波羅蜜経第三巻

不動三昧（ふどうざんまい）

調和できていること。執着がないこと。二見を離れているさま。

そもそも自分だけの仕事と考えることが原因

「自分の役割や使命がわからない」「今の仕事は、自分に合っていないかもしれない」と悩む方が多くいます。しかし、これは「今の自分の仕事は自分のもの」と考えるから、このような悩みが発生するといえます。目の前の仕事はあなただけのものではありません。

顧客、営業担当、開発者、そして協力会社など、関係する人全ての人のものなのです。

禅では、自分と他人を分けません。自他一如だと考えます。「ここまでが自分の役割、この先が他人の役割」という線引きを勝手にしないことです。全て自分の役割でもないですし、全て他人の役割でもありません。お互いに役割がありつつも、一緒に助け合って進めてゆく必要があります。

修行道場でも、役割は明確です。例えば、修行に先に入った人が年長者という年功序列のルールがあります。全ての役割やルールは「皆が良い修行ができるため」につくられています。同様に、仕事の場合でも、会社や事業のゴールを皆で達成するために、個々の役割があります。ときには、自分の適性を見誤って役割についてしまうこともあります。この場合、ありのままの自分の姿が発現されていないのです。坐禅をし、自我を捨てる「自分磨き」をすることで、自然の節理と同じく、本来の自分が発現し、適性に合った役割につけるようになります。

人も自然もお互いに支え合って生きている

「他人の力に頼らずに自分一人で生きる」と言う方がいますが、そもそも人は一人では生きられません。生まれながらに、誰かに支えられています。

あらゆる生物は、互いにエネルギーをもらったり、与えたりすることで生きています。樹木は養分を自力ではつくれません。落ち葉をバクテリアが分解し、雨が土に養分を浸透させ、さらには日光のおかげで光合成ができています。光合成で酸素が生まれ、その酸素で他の生物が生きています。全ては循環している、それが自然の摂理です。

ビジネスも、自然の摂理の一部です。一人で完結するものではありません。一人ひとりが役割を持ち、それが調和されて成果が生み出されています。自然を破壊しながら、人間界だけが便利に豊かになり続けることはありません。人間も自然の一部だからです。自然環境を破壊しているビジネスは、将来的に必ず大きな不調和を起こすでしょう。

自分の役割は大宇宙から与えられたもの

いまのあなたの仕事は、天があなたに与えた役割です。二見を持たずに一生懸命、目の前の仕事に取り組むことが大切です。ただ、本当に自分に合わない仕事に就く場合もあります。その場合も自分を責めないでください。あなたの役割がなくなることはありません。あなたの存在自体があなたの役割であり、そのままでよいのです。

あるとき、私のお寺に鬱病の方が訪問してきたことがあります。彼は半年間、坐禅を組みに通ってくれたのですが、半年後には「私は鬱病ではありませんでした。全て今までの自分の考え方が違っていたと気づいて楽になりました」と言って、会社を辞めて元気に起業したのです。

精神的な苦しみというのは、自我が生み出す執着から生まれます。こうありたいという理想の自我とそうならない現実のギャップに苦しみ、鬱病になります。坐禅をし、自分自身を観照することで自然と「本当の自分」に出会えます。本当の自分とは「**真我**」です。真我は自然の摂理と調和しています。全宇宙と調和し、その中での役割に気づけば、思考と行動が全てと調和してゆきます。その状態で生きてゆけば、辛い、苦しいなどという感情はありません。ただただ、全てを受け入れ、全てに感謝し、愛をもって生きてゆけるようになります。

坐禅を続けていくと、宇宙と自分が一体になるのを感じるでしょう。大きな宇宙の中の一部分が自分であり、自分の役割は大宇宙から与えられています。自分の仕事や役割も大切な宇宙や自然のプロセスの一部です。人は互いに生かされていることを意識し、この瞬間を一生懸命に生きる純真さと、前向きにすぐ実行する行動力が大切です。

悟ることで感情に邪魔されなくなる

修証一等（しゅうしょういっとう）

悟りへと向かう修行と修行で得られる悟りは、本来一つである。

――正法眼蔵辨道話

感情によって結果は大きく左右する

感情に邪魔されると、人生でも仕事でも思うような結果が出なくなります。それは、個人的な感情が入ることで雑念が生じ、正しい判断できなくなるからです。

「この取引で売上成績を一発逆転してやろう」「この商品開発でライバルを出し抜いてや

ろう」などと考えるのは、我欲を満たすための仕事です。一時的には成果が上がるかもしれませんが、まわりと調和しないので、長くは続かないでしょう。

このような感情に左右されない心持ちを得るためには、禅では**「五欲を離れ、五蓋を除くこと」**だと教えています。

「五欲」とは、「金欲」「色欲」「食欲」「名誉欲」「睡眠欲」の人間の5つの欲望です。これは、目、耳、鼻、舌、身の5つの感覚器官のそれぞれから引き起こされる欲でもあります。

そして、「五蓋」とは、悟りの瞑想を妨げる5つの煩悩であり、心に蓋をするものです。具体的には、「貪欲蓋」「瞋恚蓋」「惛沈睡眠蓋」「掉挙悪作蓋」「疑惑蓋」の5つです。わかりやすく言うと、むさぼり、いかり、心が沈む、ウキウキしすぎ、疑うことです。

坐禅で自分の欲や煩悩をありのままに観る

究極の理想は、この五欲と五蓋を全て手放すことですが、それは人間である限り不可能です。これらは、日々の生活の中で必ず生まれ、自分の中に溜まります。五欲と五蓋は、毎日心の掃除をして浄化することが大切です。そのままにしておくと、溜まった欲や煩悩にのまれてしまいます。

坐禅をすることで自分を観照し、溜まった欲や煩悩をありのまま観ます。無理に排除しようとするのではなく、ただ在ることを察知します。身体を脱落し、息を整えて坐禅をすると、自然と解けてなくなってゆきます。坐禅の中で自分の身体と心を日々、祓い清めて、欲や煩悩を消してゆくのです。

煩悩を捨てれば事業もうまくいく

日々、心を綺麗にしておくと、心のゴミが出たらすぐに気づけるようになります。綺麗に掃除された部屋だと、ゴミが目立つのと同じことです。欲や煩悩が生まれた時点ですぐに気づけるようになると、欲や煩悩が溜まりません。

さらに、自分だけでなく、欲や煩悩が溜まっている人を見ると、直感的にわかるようになります。仕事でもプライベートでもそのような人がいたら、話を聞いてあげるだけでも貢献できるでしょう。その人は、話すことで自分を客観視できるからです。自分の欲や煩悩に気づくと、自然と手放し、その後の言動が変わります。

組織のリーダーがこのような働きかけができる人材であれば、事業はとても健全な状態になり、自ずと良い成果が生まれるでしょう。このような組織は、我欲を捨てて、「会社、社会、地球、宇宙が良くなるにはどうすればよいのか?」という視座で取り組みます。その結果、自然とまわりと調和するため、物事がスムーズに進み、組織は発展してゆきます。

このような日々の禅の修行の結果、悟りに至る道を一歩一歩進むのです。じつは、毎日の修行自体が悟りそのものであり、修行と悟りは同じものです。毎日の行動を改めることで、雑念が消えて心穏やかに過ごせるのです。

「坐禅」による直観力、意欲、共感力増幅の原理

——醍醐寺本元興寺伽藍縁起并流記資財帳

発菩提心（はつぼだいしん）

悟ろうと決心すること。初心を忘れずに精進すること。

坐禅で身に付く3つの力

坐禅を続ければ、執着を手放すことができます。そして、物事の見え方や捉え方が大きく変わり、3つの力「**直観力**」「**意欲**」「**共感力**」が身に付きます。

まずは直観力の強化により物事の判断を的確にできるようになります。どちらに進むべきかを的確に判断したり、違和感に気づいたりするため、大きな失敗を未然に防げるのです。

さらには意欲も旺盛になり、新しいことに挑戦したり、物事を最後までやり遂げられたりするようになります。

そして、共感力が強化されることで相手とのコミュニケーションが円滑に進むようになります。初対面の相手にも信頼されるので、仕事でも結果が出やすくなるでしょう。

では、なぜ坐禅で「直観力」「意欲」「共感力」が身に付くのでしょうか?

その答えは、じつは人間の脳の構造にあります。東邦大医学部名誉教授の有田秀穂先生は、坐禅を科学的に研究したことで有名です。有田先生の研究結果からは、坐禅をすると脳からセロトニンとドーパミンが出ることがわかりました。これらの成分が分泌されると「直観力」「意欲」「共感力」が高まります。ここでは、そのメカニズムを簡単に解説します。

坐禅の準備段階では、**大きく腹式呼吸**をします。

①まず、息を吐き切ることで、お腹を凹ませます。

②その後、息を大きく吸い、おなかを膨らませます。

③この大きな腹式呼吸を3回繰り返します。

④坐禅に入ると呼吸に身をまかせ、自然な腹式呼吸に切り換えます。

⑤へその下にある丹田が動き、セロトニンとドーパミンが分泌されます。

その結果、3つの力が高まるのです。

1回の坐禅では、ドーパミンの働きを適正に管理し、心の落ち着きをもたらすセロトニンの分泌はすぐに収まってしまいます。しかし、何度も坐禅を繰り返すことで、セロトニンが分泌しやすい脳の構造に変化してゆきます。そうなると、坐禅中でなくても日常的にセロトニンが分泌される脳になり、それが通常モードになってゆくのです。

公のために働く人になる「シコウ」とは?

禅には「**慈悲**」「**智慧**」「**救済**」の三原則があると言われますが、それが実行されるには、3つの「シコウ」が必要であると考えられています。

それは、「**思考**」「**施行**」「**志向**」です。この3つの「シコウ」を正しく行うことで、禅の三原則が実践できるのです。正しい

禅の三原則

- **慈悲**…慈しみの愛、哀れみの愛
- **智慧**…真理を見極める認識
- **救済**…助け合う愛

思考とは「素直で誰にも悪意や恨みを持たない思考」です。正しい施行とは「行動や生活が簡素で、やさしい言葉を使うこと」です。正しい志向は「相手に共鳴・共心・共感する思い方」です。

禅を生活に取り入れると「直観力」「意欲」「共感力」が増します。そして、3つの正しい「シコウ」を持って仕事に臨む人は、必ず公のために働く人になります。公のために働く社員のいる会社は、必ず社会に必要とされる会社になります。

3つのシコウ

思考 …素直で誰にも悪意や恨みを持たない

施行 …行動や生活が簡素で、やさしい言葉を使うこと

志向 …相手に共鳴・共心・共感する思い方

禅で「豊かな人生を送る」と決心する

筆者のもとに、社員全員で禅に取り組む会社の社長がいます。禅に取り組んでからすぐに出た変化は、皆がオフィスの掃除を朝晩するようになったことです。その結果、会社のオフィスがとても清潔で綺麗になりました。雑念がなくなると、

意識が変わり、実際の環境を整理するようになります。清潔で整理整頓された環境では、邪な意識や思いが社内からなくなり、自然と公に尽くすための土壌ができます。顧客への感謝はもちろん、社員同士、社員の家族への感謝も忘れない社風になります。このような雰囲気になると、業績は自然とついてきます。この会社では、日々の業務で忙しくても、初心を忘れずに清々しく仕事に臨んでいます。

何でも継続が大事ですが、禅も続けることで人生が豊かになる変化が出てきます。続けるためには「発菩提心（はつぼだいしん）」が大切です。つまり、初めに「禅を日々の生活に取り入れて、豊かな社会、会社、人生にする」と胸に刻み、決心することが重要です。

人生が豊かになる前に禅を途中でやめてしまうのは、とてももったいない行為です。休みながらでも、自分の決心を刻印し、正しい知識や行法を学び続けることが大切です。禅を生活に取り入れると、あなたの人生が豊かになることをお約束します。

「悟り」による脳内の進化

坐禅は仏法の正門（しょうもん）である

坐禅そのものが仏法であり、仏法の真髄である。

——正法眼蔵辨道話

なぜ、坐禅で心が落ち着くのか？

坐禅をすることで心が落ち着く理由は、脳内にセロトニンが分泌され、快感と安らぎが生じるからと言われています。ここでは、先述の東邦大学の有田先生の研究結果をベースに、もう少し詳しく説明します。

まず、坐禅をする際にへその下にある臍下丹田(せいかたんでん)を意識しながら呼吸します。すると、脳内にセロトニンが分泌されて快感と安らぎを感じ、心が落ち着いてゆきます。そして、臍下丹田をリズミカルに動かすことで、やる気と快感を生む神経物質であるドーパミンも分泌されます。その結果、脳内が活性化され、やる気に満ちてくるのです。

脳科学的なアプローチでは、坐禅をすることで、脳幹中脳から視床下部を通り、大脳辺縁系にある側坐核に繋がっているＡ10神経という神経細胞が刺激されるといわれています。その過程でドーパミンとセロトニンが分泌されるため、坐禅により心が落ち着き、さらに意欲が増すのです。

坐禅でドーパミンが分泌され、行動力が上がる

坐禅を続けると、安らぎ感を得たり、集中力が増すといわれています。しかし、坐禅によりドーパミ

腹式呼吸によって
臍下丹田をリズミカルに
動かすことでセロトニンと
ドーパミンが分泌される

ンが出て、意欲と行動力が上がるイメージはあまりないかもしれません。筆者が主宰する圓心塾の塾生には、坐禅を続けた結果、会社を辞めて独立をしたり、引っ越しして環境を変えたり、本業の事業を辞めて新たな事業をはじめたりする方がいました。大きな変化を伴う決断を行えるようになるのは、このドーパミンの分泌が影響しています。

坐禅によって心が落ち着くと、行動力が向上します。そして、物事を俯瞰的に観て冷静に判断し、行動できるようになります。その結果、トラブルの解決や大きな決断が可能になるのです。

圓心塾のある経営者の会社では、毎朝の朝礼時に坐禅を取り入れています。さらに、この会社ではあるべき心の在り様「謙虚　感謝　思いやり」を社員が守るべきミッションとして掲げています。その結果、競争の激しい業界にもかかわらず、顧客から選ばれ続け成長しています。禅を始めたときには、東京1拠点だけでしたが、その後、大阪、名古屋、新潟と計4拠点に増え、社員数も3倍に増えています。

坐禅を続けることによって行動力が上がっただけでなく、利他の心を持てるようになり、顧客からの厚い信頼を得るに至ったのです。

人は生まれながらにして悟っている

前述の企業では、人材採用の面でも、坐禅を取り入れてから社員が友人知人を紹介してくれるケースがとても多くなりました。社員が友人知人を自社に誘うのは、本当に心の底からよい会社だと思っていないと紹介しません。禅を社内に取り入れることで心の有り様が調っていきました。そして、顧客にも社員にも愛される会社となっていった結果といえます。

私たちは本来、生まれたときから仏心を持ち合わせています。最初から人は悟っていると言い換えてもよいでしょう。

しかし、知識を習得し、多くの経験をすることで、逆に本質が見えなくなる場合もあります。その結果、物事に対して独自のバイアスがかかった判断をし、不自然な忖度を生んでしまうのです。坐禅によってノイズをいったん捨て、本質的な判断のもと、自分の中に本来備わっていた力を引き出すことができるのです。

第3章

雑念

——メンタルが強くなるために必要なこと

自分の中の「情熱の火」

須らく尋語逐語の解行を休むべし

言葉を用いて、知性を働かせて、追求することをしばらく辞めて、心の中に光を巡らして照らすことが大切である。

——学道用心集

なぜ多くの人は情熱を失ってしまうのか?

人生や仕事において、自分のモチベーションを持続することは大切です。モチベーションと仕事のパフォーマンスは直結するため、成果を出すためにはいかに情熱を維持できるかが鍵と言ってもよいでしょう。

新入社員の頃には燃えるような情熱があった人でも、数年経つと「自分はいったい何のために働いているのだろうか？」と考えるようになります。さらに、取引先から理不尽なクレームを受けたり、上司に頭ごなしに怒られたり、努力しても会社の評価が低いと、やる気が無くなるかもしれません。毎日の単純作業を続けるうちに視野が狭くなり、次第に新入社員の頃の志や目的を見失うのです。

「やる気がなくなる→仕事がはかどらない→成果が出ない→さらにやる気がなくなる」という悪循環に陥り、心身に支障をきたしてしまうようなこともあるでしょう。

坐禅は情熱的な人生を始めるきっかけ

では、この最初の「情熱の火」を絶やさずに働き続けることは可能なのでしょうか？

まず、自分自身の最適な「在り方」を知ることが大切です。自分自身の最適な「在り方」とは、本当の自分すなわち「真我」です。先人の教えや思想、哲学やルールを学び、そして、自分と関わる人たちとの人間関係を築く中で身に付けてゆくものです。

そして、自分の中にある情熱は、坐禅で見つけることができます。実際に、坐禅によって情熱的になって前向きになった人が多数います。坐禅後に引っ越しして環境を調え、メンタル不調を治したり、転職して新天地で活躍したり、会社を辞めて起業したり、社内で新規事業を立ち上げたりなど、それぞれに自分の中にある情熱を見つけ、新たな一歩を踏み出しています。

まずは自分の本性に気づくことから

なぜ、坐禅をすると、意欲が生まれるのでしょうか。

まず、坐禅によって深い瞑想状態に入っていくと、自分と他人の境界線が消えてゆきます。このとき、瞑想中に出てくる意識というのは、本能から湧き出ています。眠っていた情熱が映像や文字になって出てくる場合もあります。

坐禅中に自分を照らし観る「観照」をし、光を巡らせて照らすことが大切です。これは、意識をして観るのではなく、ありのままをただただ観るような感覚です。このように観照することで、本当の自分、すなわち「本性」に気づいてゆきます。

情熱がない状態とは、「今、自分は何をしたいのか？」を自分で理解していない状態です。観照する中で自分の本性に気づき、自分の情熱がどこにあるのかが本能的にわかってきます。

坐禅によって自分の心と魂に向き合うことで、未来への情熱に出会うことができます。日々の生活によって心の奥底に隠されていた内なる情熱の火は、じつは消えていたわけではなく、静かに燃え続けているのです。

火は、そこに火がなくても発火点になれば発火します。情熱の日が消えかかっていたとしても、坐禅によって発火点さえわかれば、燃やし続けることができるのです。

過去の自分と決別する

吾我を離るるには、観無常是れ第一の用心なり

——正法眼蔵随聞記

過去の自分を捨てるには、全ての物事は刻一刻と変わっていると考えることである。これが一番の心得である。

メンタルの強い人は何をしているのか？

メンタルが強い人は、過去のネガティブな自分と決別しています。なぜなら、過去の失敗事例に引きずられると、失敗のイメージがそのまま現実となってしまうからです。「失敗するかもしれない…」という不安の振動数が、見事に失敗の現実を引き寄せるのです。

禅の修行が進んでゆき、自我や自己執着などを捨てられるようになると「**無住心**」という境地になってゆきます。つまり、「どこにも住まない心」という意味ですが、これは裏を返せば「どこにでも住める心」ということです。綺麗な桜を見て感動する心、悲しんでいる人の痛みを感じる心、無常の喜びを感じている人の心など、誰の心にでも住める心です。この境地で仕事に望めば、社会が求めていること、顧客が望んでいること、部下が苦しんでいること、喜んでいること、上司が求めていることなどを、観音様のごとく音を見る「観」の目で物事を捉えられるようになります。

森羅万象の振動数が観えてくる

観音の「音」とは、振動数と言い換えてもよいでしょう。森羅万象全てのものは、振動を発しています。感動の振動、喜びの振動、悲しみの振動、怒りの振動など、それをあなたの全てで「観る」のです。そして、相手と一体となる「自他一如」となれば、相手の心が観えるようになり、宇宙と一体になる「梵我一如」となれば、自然の法則が観えるようになります。

この状態になれば、過去も現在も未来も、自分も他人も区別はありません。そして、メンタルが強い弱いもありません。観えるようになると、自然と解決策が浮かんでくるようになります。真の強いメンタルとは、折れない鋼のような心ではなく、どんな状況でも観の目を持てるようになることです。

このように禅の修行が進んでゆくと、人生は豊かで実りあるものになってゆきます。

しかし、残念ながら次のような心持ちの人は、禅を学んでも修行が進みません。

①権威、師、教義、信仰への依存心が強い人

②自己中心的な人

③自己顕示欲の強い人

ブッダが亡くなる前に遺した言葉とは？

ブッダは入滅（亡くなる）するとき、「今後、何を指針にすればよいのでしょうか？」と尋ねた弟子たちに対して「**自灯明法灯明**」と教えを説いています。

これは「自分と仏法を明かりにしなさい」という意味です。つまり、「私を信仰するの

ではなく、私が説いた仏法を学び、それを身に付けた自分自身を明かりとして灯して生きなさい」という教えです。

禅の修行はいつどこにいても行うことができます。自我を滅して、ただただ目の前のことに無心に取り組み、集中して行動する人には、「失敗したらどうしよう…」というネガティブな考えが入り込む余地はありません。その結果、物事がスムーズに進み、一つひとつの小さな成功を積み重ねるため、理想の人生が現実になるスピードが早まるのです。

自我を忘れて無意識になりきる

即(すなわ)ち自受用三昧(じじゅようざんまい)その標準(ひょうじゅん)なり
この三昧(ざんまい)に遊化(ゆげ)するに端坐参禅(たんざさんぜん)を正門(しょうもん)とせり

――正法眼蔵辨道話

禅の修行は教えを全て受け入れることが基本である。遊ぶように夢中になることが大切であり、師匠の下に参じ、師匠の気を感じて坐禅を続けるべきである。

どんな学びや、スポーツ、芸事でもそうですが、身に付けるには「**守破離**」のステップが必要です。「守破離」とは、まず師の教えを忠実に守るところから始まり、習得できたらその型をやぶり、いずれは自分のオリジナルスタイルを確立することをいいます。

まずは、師匠や先生の下で、全て受け入れ、取り入れる。それが守破離の「守」です。そのときに最も大切なのは「誰から学ぶか」ということです。師匠や先生選びを間違えると、技術やスキルが全く身に付かなかったり、大きく遠回りをすることになります。

では、どういう人を師に選べばよいのでしょうか？ それは「自らの研鑽を止めず、成長し続けようとしている人」です。もっと簡単に言うと「ずっと背中を追いかけられる人」です。

翻って、「背中を見せるのではなく、ずっと弟子や生徒に向いている人」。つまり、弟子や生徒に教えることで自分の虚栄心を満足させる人の下での修行は、真の修行とはならず、自分が磨かれませんので、十分注意が必要です。

道元禅師は、日本国内に自分が求める師を見つけられず、1223年に師を探しに、宋（現在の中国）へ渡ります。当時は命がけの旅でしたが、そこで師となる如浄禅師と出会い、禅を学び日本へ伝えました。道元禅師も、自分の求める師匠を命がけで探し求めたのです。

自我を捨て、まずは師の教えを全て受け入れる

素晴らしい師に出会い、弟子や生徒となり、自分を研鑽してゆくときに、大きな弊害となるのは、先入観・既成概念・固定概念・信仰への固執などの「自我」です。自我を持っていると「自受用三昧（全てを受け入れる状態）」にはなれません。まずは、徹底的に師の教えを丸ごと受け入れることを自分のルールとすることが、成長への一番の近道です。

これは、仕事でも全く同じです。素晴らしい先輩や上司を見つけたら、その人の言動行動を全て真似てみる。「どんな本を読んでいるのか?」「どんな趣味をしているのか?」「どんなこだわりを持って仕事に望んでいるのか?」など、徹底的に学ぶのです。まわりに実在する人がいなければ、本やセミナーなどで探してもよいでしょう。目指すべきモデルとなる人の有無は、自分の成長に大きく影響します。

とらわれのない自由な心境になるには?

禅では「**参禅**」(師匠の下に行って坐禅をすること)が必要だと道元禅師は説いています。師と共に坐り、師匠のまとう「気」と同化することで、自我に執着する心を捨てることができます。そして、師と坐ったときの自分の身体や意識の変化をありのままに「観照」することが大切です。自我意識を持たず、自分の変化をありのまま観るのです。それを繰り返すことで、師の気を感じて変化した自分の体感覚を再現できるようになります。そうすると、日常でも再現可能になってゆきます。先述した先入観・既成概念・固定概念・信仰への固執などがなくなり、とらわれのない、自分本来の資質を発揮できるようになるのです。

禅では、本来持つ資質のことを「本性」(本当の自分)といいます。とらわれのない自由闊達な心境で物事に臨むことができるようになり、自分の在り方や成すべきことが自然と見えてきます。これは、筆者が提唱する日常生活に活かす「**活禅**」の生き方です。このような活禅の生き方ができるようになると、自分を活かしきる人生となり、非常に豊かで満足度の高い人生を送ることができるのです。

禅の教え 19

雑念がなくなれば自分軸が調う

久しく恁麼なることを為さば、須らく是れ恁麼なるべし 宝蔵自ら開けて、受用如意ならん

——普勧坐禅儀

必ず自分自身で坐禅すべきである。そうでなければ、仏陀の宝である坐禅を正しく受け取ったことにはならない。

雑念は消そうと思えば消えなくなる

坐禅において、雑念がなく坐れる人は、頭に浮かんだ雑念と上手に付き合っています。例えば「空に赤い風船が飛んでいる。自分はその赤い風船を見ている」と、ただただ客観的に起こっている現象を捉えるとします。そのとき、赤い風船に対して「早く頭の中から消えてくれ」「この赤い風船は海を越えてどこに落ちるのだろう」などと考えません。赤い風船をありのままに眺めているだけです。次第に赤い風船を見続けることに関心が薄くなってゆきます。そうするうちに意識しなくなるのです。

このように、雑念は関心を寄せずにいると自然と消えていくものです。そして、雑念が消えれば自分軸が調ってきます。自分軸とは、他人の顔色をうかがったり、まわりの評価を気にしたりせず、「自分はこうありたい」「こうしたい」を基準に行動すること。自分軸で生きられると、自己肯定感が生まれ、自分らしさを発揮しながら結果を残すことができるようになります。

逆に、雑念に対して、「雑念を消さなければいけない」と意識し続けると、いつまで経っても雑念が消えずに残ってしまいます。雑念が頭から離れなくなると、目の前の仕事においても集中力が低下し、成果が出にくくなる悪循環に陥ります。

坐禅の準備の呼吸

「この仕事は自分に合っているか？」「こんな上司の下ではやってられない」「お客さんといえども、我がまま過ぎる……」など、仕事をしてゆく中で、このような思いが巡ることは誰にでもあるでしょう。このとき、坐禅の中で雑念との付き合い方を体得している人は、**呼吸を整え、坐禅中の体感覚を再現し、その雑念をありのままに観ます。**自然と呼吸の中にその雑念が溶け込み、吐く息と共に眉間の辺りから、スーッと抜けてゆきます。そうすることで、本来すべきことがクリアになり、集中して取り組むことができます。

それでも、雑念が消えないときは、坐禅の準備の呼吸を使います。

①背筋を伸ばして坐り、息を貯め、鼻から大きく息を吸い、お腹に息をたっぷり貯めて、息を止めます。
②頭の中にグルグルと巡って消えない雑念を、丹田のほうへ落としてゆきます。
③丹田へ雑念が落ちてきたら、口から吐き出します。
④お腹がこれ以上へこまないくらいまで、全て息を吐き出します。吐き出すときに、眉間のあたりから、ふぅーっと丹田に貯めた雑念が抜けてゆくことを意識します。

この①～④のサイクルを3回行います。これで、なかなか消えない雑念は抜けてゆきます。無理に意識して消すのではなく、身体、呼吸を整えることで自然と心も調う。坐禅の基本である**「調身、調息、調心」**をここでも取り入れるのです。

苦難が簡単に解決できるようになる

人間である以上、雑念が尽きることはありません。雑念を毛嫌いして意識で追いやろうとするのではなく、坐禅の基本である「調身、調息、調心」を行うことで、雑念は自然と消えてゆきます。坐禅をマスターし、日々、雑念を取り払ってゆくことを習慣化すると、困難や苦労に対し、悲嘆に暮れたり、悩んだり、愚痴ったり、怒ったりしなくなってゆきます。現状をありのままに観て、乗り越えてゆくための解決への道を歩んでゆけます。禅行をすることで、自分の心の調え方を身に付けていると、誰にでも起きる困難や苦難を乗り越えてられる道が自然とわかってゆくのです。

心を鎮める制御法

照見五蘊皆空（しょうけんごうんかいくう）

心の目が開いて実相が見えたら、五蘊（色・受・想・行・識）は全て空であることに気づくだろう。

——般若心経

宇宙には見えるもの、見えないものが等しく存在している

禅の修行を進めていくと、怒られたときでも、すぐにクヨクヨ、イライラせずに心を鎮めることができるようになります。この心境に達するには、有名なお経である般若心経に出てくる「受想行式」の中の「受（じゅ）」と「想（そう）」への関わり方が重要です。

般若心経には、冒頭に示した「照見五蘊皆空」という言葉があります。「照見」は心の目を開き、物事の実相(ありのままの姿)を見ることです。「五蘊」とは、色・受・想・行・識の五つのことです。このうち、色とは「形のある物質」のことです。それに対して、受・想・行・識は、「精神的な作用」です。「五蘊皆空」とは、五蘊は全て「空」であるという意味です。「空」とは、言い換えると、全宇宙のことです。「五蘊皆空」とは、目に見える形ある物質も、目に見えない精神的な作用も、「空＝全宇宙」に等しく存在しているということです。

心を鎮めるポイントは「受」と「想」にある

さて、冒頭の五蘊の中の「受」と「想」への関わり方に話を戻します。「受」とは、五

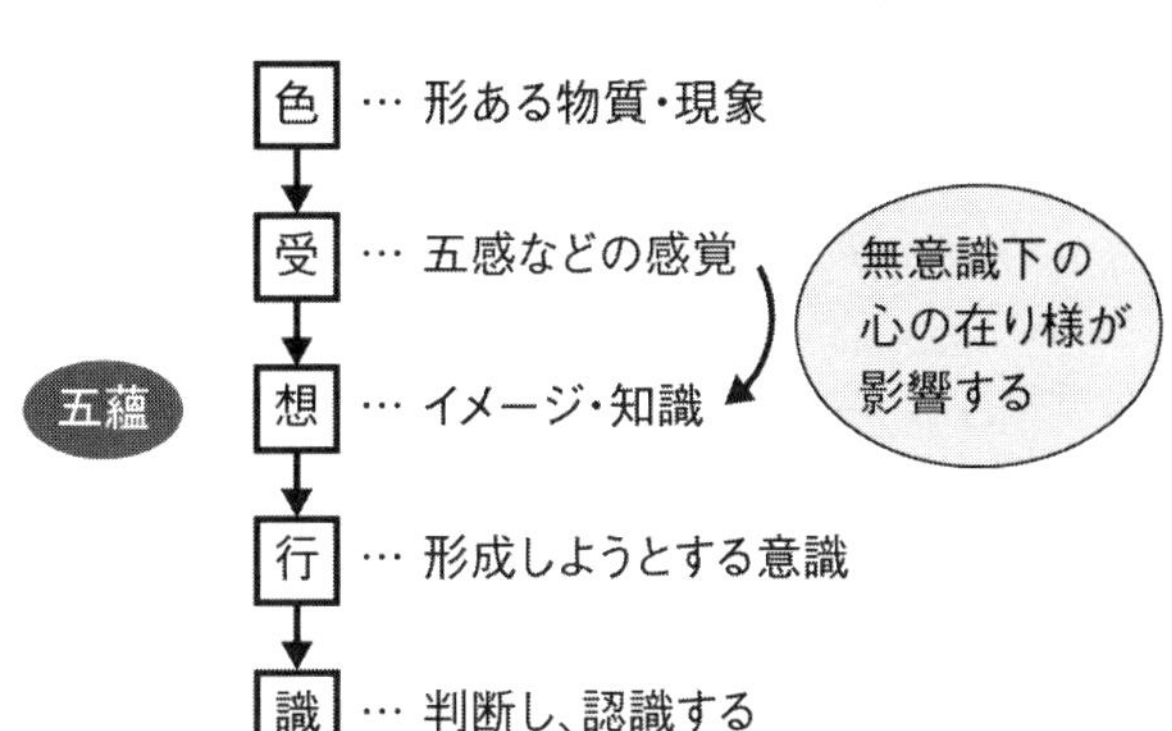

感であらゆる情報を受け取ることです。そして、「想」とは、受け取った情報を想像し、具体的にイメージすることです。この「受」「想」との関わり方が心を鎮めるポイントです。例えば、怒られたとき、怒りを「受」で受けます。受けた怒りを「想」で「そんなことを言われる筋合いはない！」「ああ、また怒られてしまった」と変換すると、イライラしたり、クヨクヨしたりします。そのままにしておくと、いつまでもその状態でいることもあります。

「受」は感受するもので、自分ではコントロールできません。

「想」は自分で想像し、イメージすることなのでコントロール可能です。

自分で変えられるところは「想」です。

「受」で感受したものを、「想」でイメージ化してゆくと、「行」、「識」と進み、具体的な行動に変わってゆきます。イライラしたイメージが行動に現れると、言い争いをしたり、クヨクヨしたイメージの場合は、家に閉じこもってしまったりします。そうなる前に「想」をコントロールするのです。このとき、「イライラしてはだめだ！」「クヨクヨしてはだめだ！」と自分の意識でコントロールしようとしても無理です。

「謙虚、感謝、思いやり」と唱えるだけで心が鎮まる

感情にも素粒子があり、イライラしたり、クヨクヨしたりすると、その光子情報素粒子が出ることがわかっています。感情的になる前に、自分から出るイライラ、クヨクヨの素粒子を別のものに変えてしまうのです。じつは、そのための方法がお経を唱えることです。お経は、亡くなった方、ご遺族の悲しみや苦しみなどの素粒子振動数をととのえ、浄化する作用があります。しかし、日常でいちいちお経を唱えることは大変なので、それに代わるよい素粒子を発信する言葉として「謙虚、感謝、思いやり」を唱えなさいと教えています。これは、心の中で唱えるだけでも大丈夫です。このように、心を浄化して調える言葉を「真言」といいます。試しに、10回声に出して唱えてみてください。自分の中に変化を感じるはずです。

「想」をコントロールできると、喜怒哀楽と感情に任せた行動を制御できます。常にやる必要はありませんが、必要なときに自分で感情をコントロールできることは、人生を賢く豊かに生きる叡智として大切な技術です。怒られて、イライラ、クヨクヨしたときや、嫌なことがあって、悲しくなったときや、逆に嬉しいことがあって、興奮が収まらないときにも使えます。「受」でさまざまなことを五感で感受したあと、鎮めたり、薄めたりするのに短い真言「謙虚、感謝、思いやり」を唱えると、自然と心が落ち着くものなのです。

ブレない平常心

平常心是道（へいじょうしんぜどう）

普段通りに平静な心で過ごすことが悟りの道である。

——無門関

平常心とは変化した状態に気づける心

坐禅を続けて自分を内観し、本当の自分である「本性」がわかってくると、揺らぐことのない自分の在り方・在り様が自然とわかってゆきます。

平常心と聞くと、常に一定の心でなければならないと思う方が多いでしょう。それも、間違いではありませんが、平常心とは、心地よいとき、心がざわついているときなどに「自分の内面の状態に気づける心」です。この心は言い換えると、本性です。日々の心の状態を正確に把握できれば、トラブルが起こっても落ち着いて対処することが可能です。

例えば、以前はAがよいと思っていたのに、時間が経つとBがよいと思うこともあります。状況や環境が変われば、選ぶものも変わることがあります。変わったことに対して、「ブレてしまった自分はダメだ」と否定するのではなく、単に「自分の心が変わったんだ」とありのままに捉えることが大切です。

そして、「自分の心がどのように変わったのか?」と自己探求によって、自分の本性がわかってきます。禅の修行では「自分を知る」ということを大切にします。坐禅のときだけでなく、生活の全てが禅であり、禅修行なのです。この行を続けてゆけば、かならず平常心を保つことができるようになります。

簡単に平常心になれる方法とは?

誰にでも取り組める、平常心になる方法があるので、ご紹介します。

それは、自分をどんなに小さなことででも、しっかりと褒めることです。一日の終わりに、自分の言動を振り返れば、他人が褒めてくれないようなことでも、褒められることは必ずあるはずです。人は、自分が劣っていると感じると、冷静ではいられなくなります。普段から自分を褒めれば自己肯定感が高くなり、劣等感がなくなってゆきます。そうなると、他人から否定されても、心は崩れません。

例えば、「会社のトイレが汚れていたので、綺麗にしてから出た」「仕事が終わらない後輩の作業を手伝ってあげた」「電車の中でお年寄りに席を譲った」など、小さなことでもよいのです。ぜひ、自分を褒められることを寝る前に思い返し「よくやったね！」と褒めてあげてください。

さらに、もう一つ、とても効果的なコツをお伝えします。

それは、自分を褒めて自己肯定感が上がった身体感覚を感じながら坐禅をし、それを味わうのです。逆に苦しくて仕方がないときも、その状態のまま坐禅をして、身体感覚を味わいます。つまり、自分の喜怒哀楽の感情を身体感覚として坐禅の中で味わうのです。それを続けていくことで、「自分の感情の変化が、どんな身体感覚を伴うのか？」がわかってきます。そうして、本当の自分の本性が理解できるようになります。坐禅の根本原理は「不立文字」といわれます。この意味は「言葉ではなく身体全体で自分の本性を理解してゆく」ということなのです。

相手に合わせて感情の振動数を調整しよう

万物は全て、波動を発し振動しています。人間も喜怒哀楽の感情を発動すると、その振動は周りに伝わります。この人は今、喜んでいるのか、怒っているのか、それとも悲しんでいるのか、あるいは楽しんでいるのか。表情からは読み取れなくても、それぞれの感情に合わせて変わる振動数が周囲に伝わります。その振動数を感じられる自分であれば、ちょうどよく、相手や状況に合わせて自分の感情や言動を調整できるようになります。

不動心とは「いつも落ち着き、変化しないでいなさい」ということではなく、状況に合わせて調和する心です。例えば、怒りの振動数を発して叱るときも、相手にその本意が伝わるように波長を合わせて叱ることで、戒めようとするあなたの本意がしっかりと相手に伝わります。

平常心が保てる人は、自分の発する振動数を周りと調和させています。この心持ちを生活の中で活かせるようになると、仕事や人生において、あなたの大きな味方となってくれるでしょう。

24時間、創造性があふれ出る方法

万法（ばんぽう）に証（しょう）せらるるというは、自己の身心（しんじん）及び他己（たこ）の身心をして、脱落（だつらく）せしむるなり

——正法眼蔵現成公案

一切の物事によって（自己を）明らかにされることとは、自己の身と心、他人の身と心を、自由の境地（身心脱落）にさせることである。

禅の修行で「自我」が「神我」となる

創造性とは、人、自然、智恵、体験などから得たことをアレンジし、新たなことを発想できるようになることです。日々の生活の中で、高いアンテナでさまざまなことをキャッチし、自分の中で分解し、新たな視点で再結合させることで、新しいビジネスアイデアや問題解決法が生まれます。

では、どうすればこのような状態になれるのでしょうか？　冒頭に紹介した禅語にもヒントが隠されています。

まず、「万法に証せらるる」とは、自然の法則、宇宙の法則によって、根本真理が明らかになるという意味です。「万法」とは、物質世界、精神世界の全てです。森羅万象、または全宇宙と言ってもよいかもしれません。「証せらるる」とは、明らかにされるという意味です。

そして、「身心」とは、身体と心のことです。つまり、「自己の身心及び他己の身心をして、脱落せしむるなり」は、「自分の身も心も、他人の身も心も、同一化し身心脱落状態にさせる」という意味です。坐禅を続けて習熟してゆくことで、自分の身体も心も外界との境界線が無くなってゆきます。まさに、身心脱落の状態です。そうすると、自分以外の人と以心伝心になり、意識を共有しているような状態になります。さらに言えば、お互いに一体となり、同じ存在になるのです。すぐにこの境地に至るのは難しいですが、しかるべき師匠の下に参じ、師匠に参禅する修行をすることで段々とわかってくると、道元禅師は説いています。

禅の修行の段階として**「自我」が薄まってきて「真我」（本当の自分）になり、そして「神我」となってゆきます。**神我になると、神気を得て、自分というものは皆無になります。禅の修行をしても、日常でその状態になるわけではないですが、坐禅中に身心脱落を実現できれば、日常生活でもその内面を再現できるようになります。最も簡単に再現できる方法は、日常的に坐禅中の呼吸をすることです。

宇宙の叡智にアクセスできることで、創造性豊かに

神気の〝神〟とは、宇宙と表現してもよいでしょう。つまり、神気を得るということは、宇宙の叡智というビッグデータに、インターネットのように日常的にアクセスできる状態になることです。日常的にあらゆるアイデアを検索できるような状態になります。とても摩訶不思議な感じがすると思いますが、坐禅を続けてゆくことで、自我を消し去り、神気が得られると、アイデアが日常的に湧いてくるようになります。そして、創造性あふれる

人生に変化してゆき、日常生活が豊かになってゆくのを感じるでしょう。

智慧を手に入れることで行動する勇気が湧く

明見仏性のところに定慧等学あり

坐禅三昧になったとき、智慧が備わり、本性がわかるようになる。

――正法眼蔵仏教

坐禅と智慧は表裏一体

道元禅師は、「定慧等学をすると明見仏性があるのではない。明見仏性するところに定慧等学がある」と述べています。

まず、定慧とは、坐禅三昧になったときに知慧が備わるということです。定慧等学とは、坐禅と智慧を等しく学ぶと書きます。

しかし、道元禅師の真意は、坐禅も智慧も同等に学ぶことが大切だと伝えているわけではありません。真の意図は、「坐禅と智慧を別のものだと分けるのではなく、表裏一体だと考えよ」ということです。つまり、坐禅の中に智慧があり、智慧が具現化したものが坐禅なのです。

明見仏性（みょうけんぶっしょう）とは、自分の本性を明らかに見ていくことで、智慧が備わってくるという意味です。坐禅を進めることで、本当の自分を知り、叡智を得ていきます。

本当の自分とは真我です。自我が無い状態にあると、さまざまなことを見たり、聞いたり、経験することで、物事の真理を見極められ、それが叡智となります。自我がある状態では、物事を偏りのある見方をするので、真理を見極めることができません。

「明見仏性のところに定慧等学あり」の意味は、「本当の自分を知って叡智を得たら、坐禅と智慧が一体だということに気づける」ということです。

心の中にゴミが溜まると病気になる

あるとき、筆者の寺に「病気を治してほしい」と訪ねてきた方がいました。「医者ではないので、病気は治せません。ただ、私は和尚なので、先祖供養ならできます」と伝えたところ、「それでもいいのでお願いします」と言われました。後日、先祖供養をしたら、その方は非常に元気になりました。これだけ聞くと、とてもスピリチュアルな話に聞こえますが、そうではありません。じつは、この方は私のお寺に来るまで、人生で先祖供養というものを一切していなかったのです。

このエピソードは、先祖供養だけでなく、やるべきことをやらないと、自分で気づかないうちにどんどん心の中にゴミが溜まることを教えてくれています。やるべきことを後回しにすることが病気につながります。健康でいるためには、食事、睡眠、運動など、やるべきことがあります。それを後回しにすることで、病気になるのです。先ほどの方は、先祖供養をすることで、自分がやるべきことを後回しにしていたことに気づき、自分の行動を変えたので、健康になってゆきました。これも自分の本性を知り、智慧が備わった結果といえるでしょう。

「止観」することで叡智が得られる

坐禅は必ずやらなければならないものではありません。ではなぜ、坐禅をするのか？

それは**自分の本性を知るのに大変優れているから**です。２６００年間受け継がれていることだけをみても、それは証明されているでしょう。30分全く動かずにいることは、坐禅以外にほぼありません。

禅には、止まって観ると書いて「**止観**」という言葉があります。**身体を動かさずに自分を内観し、自らの本性を知れば、自然と直観力が鋭くなっていることに気づきます。**目には観えない自分の能力が向上したことに気づけば、勇気が湧いてきます。そして、行動力が増してどのようなことでも成し遂げられるメンタルと、叡智が得られるのです。

「公」のために生きること

「聞思（もんし）」を等閑（とうかん）せず、見跡力（けんぜきりょく）がなければ大成（たいせい）できない

――正法眼蔵八大人覚

相手の話を聞くこと、相手に対して思いやりを持つこと、これらを適当にしてはいけない。そして、判断力がなければ大きく成功することはできない

「自発的に」豊かさを与え続ける

「公」のために生きることにより、多くの人に応援されて、事を成す素質が身につきます。

それは、無意識のうちに多くの人に豊かさを与え続けることで、感謝され、信頼される存在となるからです。

この「公」にはある解釈があります。例えば、みんなのため、家族のために自発的に行動する人は「公」のために生きる人です。

ところが、周りの人の要望を聞いて行動するだけの人は、じつは自らの欲望のために生きる人になってしまうのです。つまり、「みんなのために動いてくれる素晴らしい人だ」と周りに認められるための行動は、自分の承認欲求を満たすために行動することに等しいのです。

「公」の人は無償の愛で行動する

本人は「公」のために動いているつもりでも、いつしか「公」から遠く離れた行動になることもあります。理想的な形は、本人は「誰かのために」と意識せずに日常的にやっていることが、結果として「公」になっている状態です。

例えば、家庭でいえば、無償の愛で料理や掃除などをすることが多い母親は、「公」で生きている典型といえるでしょう。家族のためにご飯を作ったり、掃除洗濯をするのに、「自分のため」が入っていることはなく、皆の生活の土台を毎日毎日、支えてくれているのです。家族みんなのために頑張ってくれる存在を感じることができれば、それを見ている家族も「公のため」に生きようと自然と学びを得ています。それが真の家庭教育です。

このような家庭で育った子どもは、自然と公のために生きる素養が身についてゆきます。

あなたの周りにもそういう人がいるのではないでしょうか？　大人になってからでも遅くはありません。公のために生きている人と一緒にいる機会を増やしてゆけば、その言動から学び取ることができます。身近にいなければ、本や講演などであなたが「この人だ！」と感じる人が発信していることを学んでみましょう。一つずつでも真似し、自分の行動の中に取り入れられれば、在り方を変えてゆくことができます。

飾り気のない良心で生きる

筆者の弟子の一人に、学校を作る夢を持っている経営者がいます。彼は、高校生のときに大人に裏切られたことがきっかけで不良になってゆきました。あるとき、喧嘩をして相手に怪我を負わせてしまい、彼の母親から「あなたの拳は人を傷つけるためではなく、守るために使いなさい」と厳しく戒めてもらったことが今でも忘れられないそうです。かつての彼と同じような境遇にいる若者が、真の教育を受けられる学校を設立したいそうです。愛に溢れた母親の教えが心に染み入ったことで、「公」のために生きる在り方が生まれたのでしょう。

禅語には、聞思修（もんししゅ）という言葉があります。

これは、三慧（さんえ）という、大切な3つの智慧「**聞と思と修**」です。

つまり、「**教えを聞く**」「**思う**」「**実践修行する**」の3つの行動です。この三慧を「公」のために働かせることが重要です。「公」のために生きることは、飾り気のない良心で生きることでもあります。自我を持たず、純粋に利他の心で生きる人は、自分の人生を力強く切り開いてゆけるのです。

第4章

極意

——悟りにつながる坐禅のはじめ方&手順

「真理を求める心」が全てのはじまり

――興禅大燈国師遺誡

己事究明（こじきゅうめい）

己のことを明らかにする探究をすること。

まずは自分の現在地を知ることから

禅の世界において「道場は己の思考の中にある」という教えがあります。現代のＩＴ社会においては、「無意識の動揺」が日常的に起きています。例えば、仕事中や、勉強中に、スマートフォンのＳＮＳ通知などで集中力が途切れることも日常茶飯事です。通知内容が少し見えただけで、心が動揺してしまったりします。まさに現代病といえます。

本章では、実際に坐禅を行うための方法や具体的プロセスについてお伝えします。まず、坐禅で一番はじめに行うべきは、**真理を求める心を持つこと**です。坐禅で人生を変えるためには、真理を追究する修行が大切です。

「己事究明」という禅語があります。これは、ひと言でいうなら、自分を隅々まで知ろうとする姿勢です。自分を変えたいと思ったときに最初にすべきは、今現在の自分はどんな心の在り方、在り様なのか？　これらを把握することです。

毎日の坐禅で自我を捨てると本性がわかる

坐禅をして自分を内観すれば、我欲や煩悩などの雑念が観えてきます。

「こんなことをしたい！」「あれを手に入れたい！」「あの人の言動が癇に障る…」などの思いが湧き出ることに気づくでしょう。まずは、気づくことが大きな第一歩です。坐禅をしながら雑念を眺めれば、呼吸と共に薄れてゆきます。そして、雑念があるときの自分、無いときの自分が、体感覚でわかるようになってゆきます。

雑念が無く、自我の無い状態が本性です。

このとき、雑念というゴミの中で埋もれている本性に出会うことができます。毎日の坐禅で雑念の掃除を行い、自分の本性に気づけるようにしてゆくのです。

このように毎日坐禅を行ってゆくと、いちばん変化がわかりやすいのは顔です。坐禅を続けると、顔が光ってきて、誰が見ても「いい顔」になってゆきます。そこまで到達すると自我を捨て、本性で生きる意味が自分でもわかってきます。己を知るには、このようなプロセスでいつでも自分の本性に出会えるよう、坐禅を続けることです。

雑念を取り払うと波動が合う人と出会える

雑念を取り払い、本性に出会うことで、その人自身の持つ波動が発せられます。その状態でいると、自然と波動が合う人と出会えます。いわゆる、**引き寄せの法則**であり、同じ波動の人が引き寄せ合うのです。逆に、波動が合わないと反発して離れます。

船井総研の創業者の船井幸雄さんは、晩年、波動の研究をされ多くの著書を残されています。著書の中で紹介している波動の法則では、波動の特徴を次のように記しています。

◎同じものは引き合う、違うものは反発する
◎波動は5次元以上のエネルギーで3次元のものをコントロールできる
◎波動には優位と劣位があり、優位のものが劣位に勝つ
◎出した波動は自分に帰ってくる

筆者のもとで禅を学び、社内でも禅を取り入れているある会社では、波動が合わない人は自然と会社を去り、逆に波動が合う人が集まってきています。これが続くと、自然に組織が代謝し、活力あふれる組織になってゆきます。自分たちの本性から出る波動を発することができると、このような新陳代謝は日常的に起こります。

禅の最終目標は悟りです。悟りに到達するための準備として、まずは自分の雑念に気づくことが大切です。自らの不謙虚な部分や我欲を知ることが、真理の追求の大きな第一歩になるのです。ぜひ、己を知ることから始めてみてください。

坐禅の基本は「調身・調息・調心」

瞼は閉じて目は開すべし

瞼は閉じながら、目を開くのである。

——正法眼蔵坐禅儀

坐禅の基本の3ステップとは？

まず、坐禅を始めたら、「調身・調息・調心」を行います。このうち一つでも欠けると正しい坐禅ができなくなるので、この3つは相互関係にあると言えます。これはとても重要な考え方ですので、詳しく説明しましょう。

「**調身**」とは、身を調えることです。坐禅における身体の使い方の基本であり、調身のポイントは、山のように端坐（たんざ）することです。まず、頭頂が天井から吊り下げられているような感じで、背筋を伸ばします。次に、結跏趺坐（けっかふざ）、または、半跏趺坐（はんかふざ）を組んで、頭と組んだ膝を結ぶと三角形になり、山のように安定した姿勢となります。

「**調息**」とは、息を調えることです。最初に口から全身の息を吐き出します。そのときに、身体の中の邪気が全て吐き出されることをイメージしましょう。全て吐き出したら、鼻から清気を身体いっぱいに吸い込みます。吸いきったら息を止め、丹田に体中の邪気を集めるイメージをします。そしてまた、邪気と共に口から息を全て吐き出します。身体中の邪気を吐き出し、身体中に清気を取り込む。これを3回繰り返し、身体の中を清めてゆきます。清めたら、鼻からの自然な呼吸に切り替え、腹式呼吸をします（禅の教え15参照）。

「**調心**」とは、心を調えることです。調身、調息をすると、自然と心が調ってゆきます。調わないときは、調身、調息のどこかが崩れています。その乱れは「沈（ちん）・浮（ふ）・寛（かん）・急（きゅう）」という４つに分類されます。

「沈」とは、頭が重くなり、低く垂れてしまうことです。背筋を伸ばし、顎を軽く引いて、姿勢を正しましょう。

「浮」は、心が浮ついて落ち着かない状態です。この場合、精神を臍に集中させることで落ち着きを取り戻せます。

「寛」とは、心が緩んで意識散漫になっている状態です。姿勢を正して心を引き締めることで対処できます。

「急」とは、気が上向きになり、頭痛や脳が苦しくなる状態です。この場合、呼吸に集中してみてください。

坐禅の極意「瞼は閉じて目は開すべし」

以上のように、調身・調息・調心を踏まえた上で坐禅をしてみてください。それに加えて、坐禅の極意ともいうべき言葉を道元禅師は残されています。それは、冒頭に紹介した「瞼は閉じて目は開すべし」という言葉です。意味はシンプルですが、瞼は閉じていても黒目は正面に向けなさいという教えです。やってみるとわかるのですが、瞼を閉じると、瞼にひきずられて黒目も下に向いてしまいます。実際、瞼と共に目を下に向けて坐禅している人も多いのですが、目を下に向けると雑念が湧きやすくなります。道元禅師の仰る通りに実践すればよいだけなのですが、なぜか多くの人が我流でやってしまいます。これは、最も強調しておきたい極意中の極意です。

基本動作を繰り返すことが悟りへの近道

では、具体的なやり方を説明しましょう。

まず、前方より少し上を見ながらゆっくりと瞼を閉じます。すると、自然と黒目が上にひっくり返るような感覚があると思います。最初は、瞼がぴくぴくしますが、次第に安定し、やがてぴたっと止まるでしょう。この瞼の痙攣（けいれん）は、神経が病んでいる人ほど大きくなる傾向があります。逆に、良い坐禅を行っていて、精神の状態が安らかな人はすぐに瞼の痙攣が止まります。この瞼の痙攣は、心の状態の一種のバロメーターといえるでしょう。

坐禅の基本は、「調身・調息・調心」だと覚えてください。まずは、身と息を調えることです。それが調うと自然と心は調っていきます。それをせず、心だけを調えようと頑張っても無理です。順番通りに基本をしっかり行うことが大切です。やはり、基本動作の繰り返しこそが、悟りまでの道につながっているのです。

「身心脱落」こそ〝悟りの第一歩〟

心意識（しんいしき）の運転を停（と）めて、念想観（ねんそうかん）の測量（そくりょう）を止（と）めて、作仏（さぶつ）を図（はか）ること莫（なか）れ

——普勧坐禅儀

思考することをやめ、心を一点に集中することもやめて、仏になろうとしないことが大切である。

「身心脱落」とは

調身、調息、調心を基本に忠実に坐禅をすると、最初に起こる変化は、身体の感覚が無くなってゆくことです。その後、心の感覚が徐々に無くなってゆきます。厳密にいえば、身と心が交互に消失していくため、身と心のどちらが先ということはありません。いずれにしても、身と心の両方の感覚が無くなり、空へと近づいてゆく。これが「**身心脱落**」です。

仮に、身の脱落ができていても、意識を止めない限りは完全な心の脱落に至ることは非常に難しいでしょう。ここで、何かを考えたり、自分が変化することに期待や不安を持った瞬間に、もとの状態に戻ってしまうからです。

坐禅に浸りきることが大切

坐禅の身心脱落のプロセスを詳しく説明しましょう。最初の身の脱落は、周りの空間に融けていく感覚があります。この感覚に浸りきり、心の作用を止めると、無意識の状態になります。次第に、内外の境が脱落してくるようになり、境界意識が薄らいで曖昧になってゆきます。この状態になっていれば、雑念が湧きにくくなるのを感じるでしょう。

五蘊でいうと、身の脱落による事象を表す「色」の希薄化が起こり、感覚を表す「受」とイメージを表す「想」の希薄化がもたらされてゆきます。これで、身の脱落が完成します。

身の脱落とは、肉体感覚の消失です。この時点では、まだ、心の作用の止滅は十分ではありませんが、だんだんと身と心の意識が交互に消失するプロセスを観照してゆきます。そして、自分の身の感覚が完全に空間と融合し、手足が付いている感覚が無くなってゆきます。それに驚くこともなく、その余韻に浸りきる。身脱落の状態こそ「坐禅三昧（ざぜんざんまい）」と言えます。つまり、坐禅に浸りきるのです。それをあるがままに観照してゆくことで、心の作用が止まり、身心脱落が完成します。簡単にできそうな感じがしますが、一人ではなかなか難度が高いため、正しく導ける師と共に坐禅をすることをおすすめします。

魂だけの状態になると何が起こるのか？

意識することを完全にやめて身心脱落が起こると、次は魂だけの状態になってゆきます。実際に筆者はその状態になったとき、自分の坐禅の姿が観えました。いわゆる幽体離脱のような現象です。魂の状態でそのまま浮遊しながら、地球の大気圏を通り過ぎて宇宙空間から青い地球を見ることができました。そして、また自分の身体に戻ったとき、現実の意識が変化する感覚が得られたのです。身心脱落が完成すると、このような体験をすることがあります。そのときに、ハッと驚いたり、喜んだりしたりして、心意識が動くと、すぐに元に戻ってしまいます。

坐禅三昧に浸りきり、ただ観照することが大切です。

ここまでの話から、不思議な体験を目的にして坐禅瞑想をする方もいますが、それでは絶対にこの境地には達しません。調身、調息という基本のプロセスを経て、心が調ってゆき、その先に坐禅三昧の禅定の境地があるということを決して忘れないでください。

思ったことが思うようになる

我がために仏法を学する事無きなり
ただ道のためにために学すべし

雑念や私情を入れず、ただ仏道を行うために学ぶのである。

——正法眼蔵随聞記

禅に励んでも真理にたどり着けない理由

純粋にひたすら禅道に取り組んだ人は、自分が磨かれてゆきます。そして、その人のもつ本性が現れ、本来の自分らしさを表現しながら生きる人生になります。逆に、自分の利益を得るためだけに禅に励んでも、煩悩にまみれた自分が磨かれることはありません。これでは、長年坐っても、残念ながら真理にたどり着けないでしょう。無心になって行じた結果、本当の自分に出会うことができます。そうすることで、いわゆる「自分らしさ」を発揮した人生になることが、禅行の一番の喜びです。

コツコツと修行して自分を磨くことが重要

実例として、筆者の弟子のSさんの体験談を紹介します。Sさんはもともと鬱病を患っていて、なんとかしたいと考えて寺を訪れました。ある日、弟子たちみんなで陀羅尼経という、サンスクリット語で書かれたお経を3時間読み続ける修行を行いました。お経には2種類あり、古代インド語のサンスクリット語で書かれたお経と、インドから中国へ仏教が渡った際に漢訳された漢字で書かれたお経があります。特に、サンスクリット語のお経の音は、高波動を発します。この高波動の音を自分自身で唱え、発信し続けることで、身体の振動数が調ってゆきます。無心になって3時間も声を出してお経を唱え続けると、読経三昧という状態になり、身心脱落の感覚を体感できます。この修行後に、Sさんの頭の中から、執着していたものが自然と離れていったのでしょう。家に帰ってからも、坐禅と読経を続けていたSさんは、以前より顔の表情が明るくなり、本人も「鬱が改善したみたいです」と話してくれました。

家からあまり外出できず、人と会うことも億劫であったSさんは、禅行を続けてゆく中で「もっと坐禅をするのによい環境のところに住みたい」と思い、引っ越しをされました。鬱病を患っていたときから考えると、この積極的な行動力が得られたのはとても大きな変化です。

さらにSさんはコツコツと禅行を積み、自分自身を磨いてゆきました。だんだんと意欲的になり、もともと興味のあったライターのお仕事を副業で始めたのです。「ライターのお仕事を頂いた」と報告にきてくれたときの磨かれた良い顔がとても印象に残っています。

あなたにしか果たせない役目がある

「禅を学ぶと、どんな効果がありますか？」

こう聞かれた際には、「**思ったことが思ったようになる**」とお答えしています。身心脱落に三昧することで自分が磨かれ、本当に自分がしたいことが自然と自分の中に湧き出るようになります。本来の自分がしたいと思っていることが、思ったように実現するのです。逆に、煩悩にまみれて思っていることも、その思いが形になります。ですから、利己的な思いで禅の行をしても、結果は本人にとって幸せなことにはならないでしょう。

人生は一度きりです。人は自分にしか無いお役目を持ってこの世に生まれてきています。そのお役目を果たすことで、あなたの魂は最も震え、喜び三昧の人生になります。これに気づけることが、禅を行ずることで得られるもっとも尊い叡智です。筆者が禅を多くの方に身につけていただきたいと思う最も大きな理由でもあります。

「身脱落」から「心脱落」へ、主観が消える瞬間

自己(じこ)を忘(わす)るるといふは万法(ばんぽう)に証(しょう)せらるるなり

思い込みを捨てて本当の自分に気づけば、あらゆるものに生かされて自分が在ることに気づくだろう。

——正法眼蔵現成公案

坐禅が進むと見えてくる「自他一如」の世界

身心脱落が進んでいくと、主観が消える瞬間があります。まさに自他一如の世界です。

ここで大切なことは、自分と他者の一体化をありのまま受け止めることです。

なぜなら、同一化することで初めて純粋な心になれるからです。悟りの境地では、自分の身心脱落が他者に伝播したり、逆に、他者の悟りに自分が共鳴することもあります。お互いに相互作用を繰り返しながら、自分と他者が同一化します。そして、自由自在な純度100%の心になると、相手の思いなども自然と自分の中に入ってくるのです。

他者との同一化で相手の心が読めるようになる

実際に、他人がこれから言おうとすることが筆者の心の中に浮かんできた体験を共有しましょう。師匠のもとで修行をしていた頃の話です。ある日、修行が終わった後、師匠が弟子たちに贈り物をくれることになりました。師匠が弟子一人ひとりに贈り物を配り始めたとき、受け取る前にふと、自分の贈り物がポットだとわかったのです。そして、他の弟子たちの贈り物も渡される前に全てどのような贈り物かを言い当てることができました。これは当てようとしたわけではなく、「師匠が次に何を言うだろうか?」と考えたら、自然と私の心にメッセージが浮かんできただけなのです。まるでテレパシーのようですが、これが自分と他者の同一化の一つの例です。

現在の常識で考えたら、あり得ないと思うかもしれませんが、じつは、古代人もこのように相手の心がわかっていたと伝えられています。

古代の世界では地球語という同一言語を話していたという伝説があります。さて、旧約聖書にバベルの塔の話があります。世界の人たちはもともと同じ言語を話していたのに、神様の怒りを買い、バラバラの言語しかしゃべれなくなったというエピソードです。日本語は宇宙音とも言われていますが、筆者は日本語こそ地球語だったのではないかと考えています。なぜなら、世界の言語の中で日本語だけが五十音を網羅しているからです。古代人は、現代よりもお互いの心が通じ合っていたと確信しています。

主観が消失すると「一円相」の境地になる

さて、話を戻しましょう。坐禅中に身心脱落すると自分と他者が同一化してゆきます。その境地は「無住心」「無生心」ともいいます。主観が消えて無我の境地になると、その心は何処にも住まず、何処にも生きない。翻れば、何処にでも住めるし、何処にでも生きられるということです。

自分も他人も善も悪もない「**一円相**」の境地です。

自我を捨て、無我の境地になり、主観は消失し一円相の境地に至ることは、そもそも人類が持っている叡智です。

この叡智には、自分を祓い清め、磨いてゆく禅行を続けることで気づけます。

じつは、誰しもが自分の中にすでに持っているものです。誰でも自分を磨き、その叡智に気づけば、ごくごく自然なことだと理解できるでしょう。

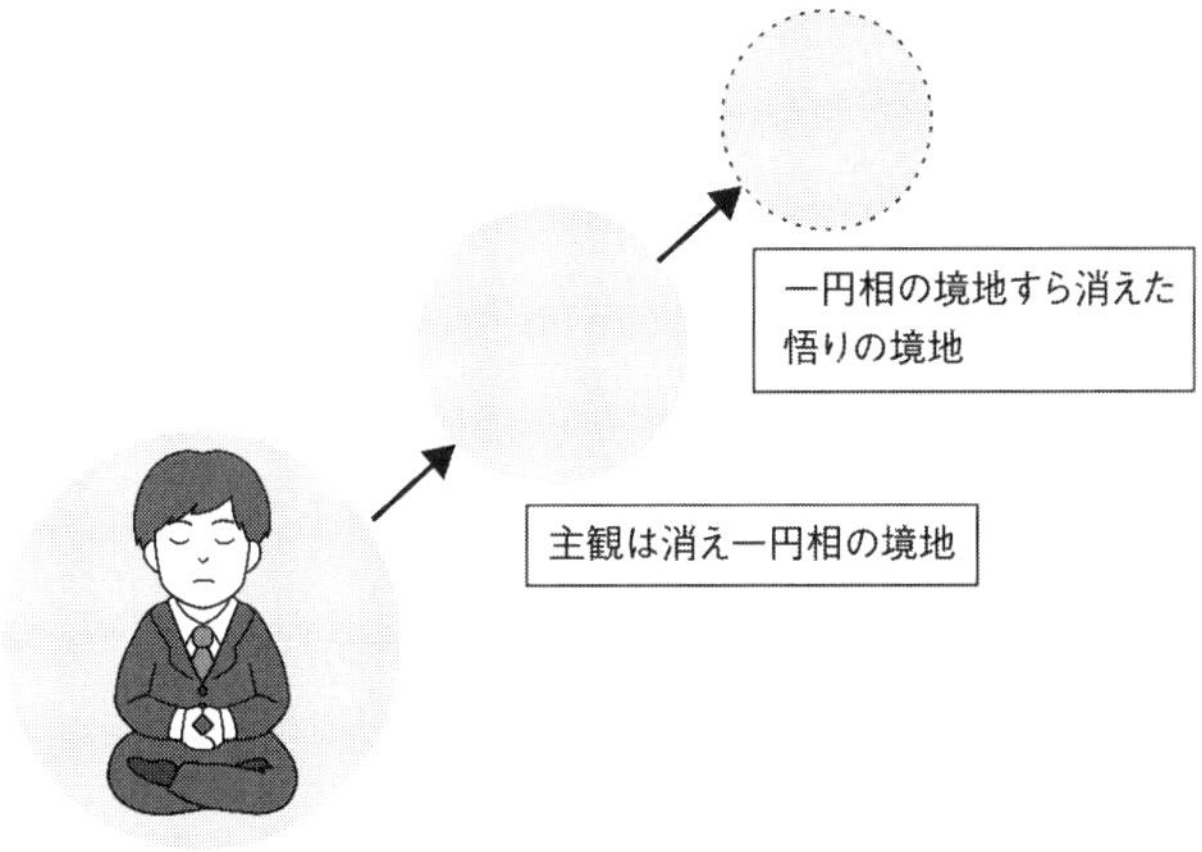

一円相の境地すら消えた悟りの境地

主観は消え一円相の境地

禅の教え 30

本当の自己が見えてくる

言を尋ね、語を逐うの解行を休すべし

人の言葉に答えを探したり、考えに追随することはやめるべきである。

――普勧坐禅儀

坐禅中のインスピレーションを大切にする

坐禅を続けると、本当の自分である本性に気づいてゆきます。つまり、心にある雑念がそぎ落とされ、心が洗われ、雑念で覆い隠されていた本性と出会えるのです。

坐禅中は、自分の心や身体に自然と出たインスピレーションを大事にします。頭でいろいろと考えると、それは雑念となってしまいます。あくまでも、坐禅は実践が全てであり、自分の身体で体感し、その経験を重ねていくことが大切です。

本当の自分が見えることとは、この世に生まれた自分にしかできない役割に気づくこととも言い換えられるでしょう。本当の自分の役割に気づくと、それをせずにはいられない、ワクワクした気持ちになり、結果として自然と行動が変わってゆきます。

禅の修行で自らの役割に気づいた人たち

筆者のもとで修行をしていた多くの弟子たちも、本当の自分の役割に気づき、大きく変化しています。多くの問題を抱えていた家族との関係性を改善し、都心から海辺へ引っ越して、自分が解放できる環境に調えた50代の女性。金融関係の大企業を辞め、自分の目指す志に向かい全く違う事業で独立した、40代の男性。自分の本業とは全く異なる、世のためになるセミナー新事業を立ち上げた、40代の男性。自分の志す医療の世界を体現できる遠方のクリニックへ単身赴任で転職した50代の男性。このように、多くの方が坐禅をする中で、本当の自分に気づき、自分にしかできない役割を担って新たな活動に挑戦しています。

普通ならばとても労力や心労を伴うにもかかわらず、ごく自然の流れで行動しています。そして、行動しているときは特に気負いもありません。後から振り返ってみると、とても大きな決断をして行動を起こし、全く違う世界へ身を置いている。自分の役割を果たすために軽やかに進化してゆく彼らを頼もしく観ています。

空海も見た「二つの太陽」とは?

また、禅の修行を続けると不思議な経験をすることもあります。弘法大使・空海は、二つの太陽を見て、その一つが自分の身体に入ってきた体験をしたと伝えられています。じつは、筆者もこれと同じような経験をしたことがあります。ある日、海で瞑想をしていました。太陽を見ていたら、急に太陽が痙攣したように振動し始めました。そして、しばらく振動した後、太陽が真ん中から分裂し、二つの太陽が現れたのです。「どちらが本物の太陽なのだろうか?」と思案していると、今度は右側にあった太陽が身体の中に入ってきました。この不思議な光景を見終わった後、自分の全てが透き通り、純粋無垢になったかのような感覚を覚えました。その他にも数々の不思議な体験があります。

・木の下で瞑想していたとき、天使の五重和音（五人の声）が聞こえた
・花との対話
・宇宙から針が落下して自分に刺さった
・部屋の天井に宇宙の星々が浮かび上がる
・得度後の弟子の体が透けている写真

宇宙は「いま」の連続でつくられている

なかなかすぐに信じることは難しいかもしれませんが、筆者だけでなく数多くの弟子も実際に同じような体験をしています。もちろん、不思議な体験をすることが目的ではありません。こういう現象が起きても、驚かず、ただただ受け入れることです。そのうちに、なぜこれが起きたのか、自然とわかる瞬間が訪れます。

ただ、一つ確かに言えるのは、この宇宙は**刹那の連続**だということです。つまり、パラパラ漫画のようにものすごく短い「いま」が連なって、動画のように観えています。そして、刹那と刹那の間は無であり、世界は無と有が交互にあらわれて点滅しているような状態で

す。私たちは無の上にも存在し、同時に有の上にも存在しているのです。

坐禅をしていると、**刹那の合間にある無の中に在る自分に気づく**ことができます。そうなることで、有の刹那の連続的な事象が起こると考えています。それが、本当の自分に気づき、自分の本性から出るさまざまな行動として現れてくるのです。これは、坐禅の実践でしか辿りつけない境地であり、醍醐味だと考えています。

第5章

活禅

——日常に「坐禅悟り」を応用する

「禅感性」で相手の本性を掴め

――正法眼蔵菩提薩埵四攝法

自他一如（じたいちにょ）

自分も他人も本来は一つである。

坐禅による「幸せホルモン」の分泌

坐禅で感性が高まってくると、瞬時に相手の本質がわかるようになります。これは、坐禅を継続することでセロトニンが分泌されやすい脳になるからです。

セロトニンは、集中力や意欲などが増す神経伝達物質で「幸せホルモン」として知られています。さらに、セロトニンで直観力が研ぎ澄まされてゆくこともわかっています。セロトニン博士といわれる東邦大学医学部の有田秀穂名誉教授が研究し、明らかにしています。多くの判断が必要な仕事においても、直観力が高まれば結果が出やすくなるといえるでしょう。

例えば、直観力は企業の人材採用に活かすことができます。筆者の弟子の経営者Aさんは、坐禅を始めてから、採用面接で応募者が部屋に入った時点で、活躍する人材かどうかを見抜けるようになったそうです。通常は、面接だけではその人の本性はなかなか掴みきれません。採用後、実務に就いてからミスマッチだったとわかる企業が多いでしょう。これでは、企業にとっても、採用者にとってもお互いに不幸となってしまいます。

Aさんは、面接前に坐禅をし、感覚を研ぎ澄ませると、とても良い採用面接になると言っています。

逆に、直観力が磨かれてくると、会社に合わない社員が自然と辞めていく現象や、社員が辞めざるを得ないような不祥事が起きたりするのです。

自分も他人も同じ素粒子である

以上のような現象が起こるのは、冒頭の禅語である「自他一如（じたいちにょ）」の状態に近づいていくからです。自他一如という状態を、現代科学の量子力学を使って説明します。世の中の全ては物質を構成する最小単位の粒子である「素粒子」で構成されています。物質だけでなく、意識や思考でさえも素粒子で構成され、素粒子の波のエネルギーとなって発動されているのです。「自分と相手が一つである」ことは、「相手と自分も同じ素粒子でできている」ということです。素粒子でみれば物質も植物も動物も意識も思考も違いはありません。

しかし、同じ素粒子でも、素粒子の波のエネルギーは発する意識や思考で変化します。同じ海水でも、穏やかな波の海と激しい波の海があるのと同じです。採用面接の場合、面接官と面接に来た人の素粒子の波のエネルギーが合うかどうかが大切です。自然と社員が辞める現象は、会社の社員たちの波のエネルギーと合わない人が自然と離れてゆくから起こるのです。

自分も他人も本来は同じ素粒子であり、その素粒子の波のエネルギーが合えば引き寄せられ、合わなければ離れるということです。その波のエネルギーに気づかずに、頭で「この人のキャリアであれば活躍してくれそうだ」という思考だけで採用をすると、後々ミスマッチにつながってしまうのです。頭ではなく、相手の素粒子の波のエネルギーを感じることがとても大切です。坐禅を続けてセロトニンが脳内に出ることで、相手の波のエネルギーを捉えることができるようになります。

自分も相手も一体であることに気がつくと、自分が体験する世界は変わってゆきます。本来は自分も他人も全宇宙も一つだと悟ったとき、人間的にも大きな成長を遂げるでしょう。坐禅をすることで得ていただきたい真理です。

禅の教え
32

「禅レーダー」で相手の気持ちを理解

いまをしふる功夫辯道証上万法にあらしめ出路に一如を行ずるなり。その超関脱落のときこの節目にかかはらむや。

――正法眼蔵辨道話

いま教える修行精進はもう世の中に存在しており、それを説明するために坐禅に没頭せよ。そして、自他を隔てている壁を超えたとき、悟りの世界に至るだろう。

なぜ、坐禅で人間関係が良くなるのか？

坐禅で身心脱落すると、自然と自分の深層心理が調い、自分と関係する人や環境と調和してゆきます。これは、坐禅をすることで、自分ではコントロールできない深層意識の中にある雑念がクリアになるからです。

深層意識にある雑念が表層意識に上ると、感情として現れ、言動として事象化してゆきます。言動として発動されたことが、自分を取り巻く現実世界となってゆくのです。深層意識の中の雑念が消えていけば表層意識もクリアになり、その結果、自我が薄れて自然と周りと調和した世界が事象化してゆきます。周りと調和した言動ができるようになると、人間関係はとても良好になります。

自分の本質を深く理解すれば相互理解が生まれる

会社における上司部下の関係でも「上司とは敬意を払うべき存在だ」という半強制的な思考があると、それが壁となり、調和できなくなるでしょう。そして、立場の違う相手のことを理解するためには、まずは自分の深層意識をクリアにし、その先にある自分自身を深く理解することがとても大切です。自分の本質がわかれば、相手と同じ部分、違う部分を把握できるからです。この領域に達すると、上司と部下との相互理解が生まれ、自然と良い関係が築けるようになります。このように、自分自身を祓い清め、明らかにすることは、禅の修行でもとても大切な徳目(とくもく)になっています。そのためのトレーニングとして、坐禅があるのです。

具体的な坐禅のやり方を説明していきましょう。まず、坐禅を始めたら自分の身体の状態を観察してゆきます。

「頭の先から足の先まで、力みのある箇所はないか?」

「腹式呼吸が自然とできているか?」

など、自分の状況をＭＲＩでスキャンするように観察します。このような**禅レーダー**で観察しながら、力みのある箇所を見つけて脱力します。そして、肺呼吸になっていたら、丹田を意識した腹式呼吸に調整するのです。

ありのままに観ることの重要性

観察をして、身体の状態を調えたら、今度はありのままに観る「観照(かんしょう)」にシフトします。

この際、カメラ撮影のように客観的に自分を観ます。雑念が湧いてきても気にせず、そのまま自分を撮影するようにただ観るのです。これを続けていくと、段々と「本来の自分」が感覚的にわかるようになります。このように、坐禅のときに「ありのままの自分」を感じるトレーニングを続けることが大切です。ありのままの自分がわかることで、相手のありのままを理解できます。相手との共通点と相違点が理解できることで、自然と受け入れられるのです。

その結果、相手の心にも変化が現れてくると、お互いに理解し合える建設的な人間関係を構築できます。全ての始まりは、自らをスキャンして「自分を知る」ことからです。自分自身の深層意識をクリアにし、身体と心の状態を坐禅中に観察し認識することで、人や環境と調和した世界を構築できるようになります。

新しいアイデアが浮かぶ「創造脳」活用法

万物おのずから功あり、当に用と処とを言うべし。事存すれば函蓋合し、理応ずれば箭鋒さそう。

——参同契

全ての物には各々の役目があり、役割と居場所が大事である。居場所が合っていれば箱と蓋が合うようにうまくいき、役割が適していれば二本の矢の先が合うように支え合う。

自我を捨てるとアイデアが生まれる

坐禅を続けると、どんどん創造的になり、日常的に新しいアイデアが浮かぶようになります。その構造は、坐禅によって心と脳の雑念が消え、自分都合で考える自我が無くなり、無我の状態になることといえます。

そうすると「こうしたら世の中が良くなる」「他人が喜ぶためにはどうすればよいか？」という思考が自動的に発動し続けます。その思考で考えられたアイデアは、周りの人、会社、社会に受け入れられるので、とても創造的でアイデアのあふれる人として周りから認知されるようになります。当然の結果として、自然と仕事でも成果が表れてゆくのです。

人の意識は8つの識から形成されている

そのメカニズムをもう少し細かく、禅的に解説していきましょう。大乗仏教の教えに、「唯識論」という考え方があります。現代的な言い方をすると、意識領域と無意識領域があるという考え方です。

次頁の図を見てください。唯識論では、人の意識は8つの識から形成されていると教えます。その8つの識には、6つの意識領域（眼識・耳識・鼻識・舌識・身識）と意識に加えて、2つの無意識領域である末那識（まなしき）・阿頼耶識（あらやしき）があります。

末那識とは、つまり**執着心**のことで、阿頼耶識は**深層意識**といえます。

阿頼耶識は、蔵をイメージしてもらうとよいでしょう。この蔵に入るのは、人間の業、すなわち、カルマです。毎日、多くの活動をする中で、感情や思いが脳の中に巡ります。そのあらゆる感情が阿頼耶識の蔵にたまっていきます。感情の種が植えられていくと、やがて芽が出て花が咲くように、意識領域を経由して現実化してゆくのです。当然、悪い感情の種を植えたら醜い花が咲きますし、よい感情の種を植えたら美しい花が咲くのが自然の摂理です。

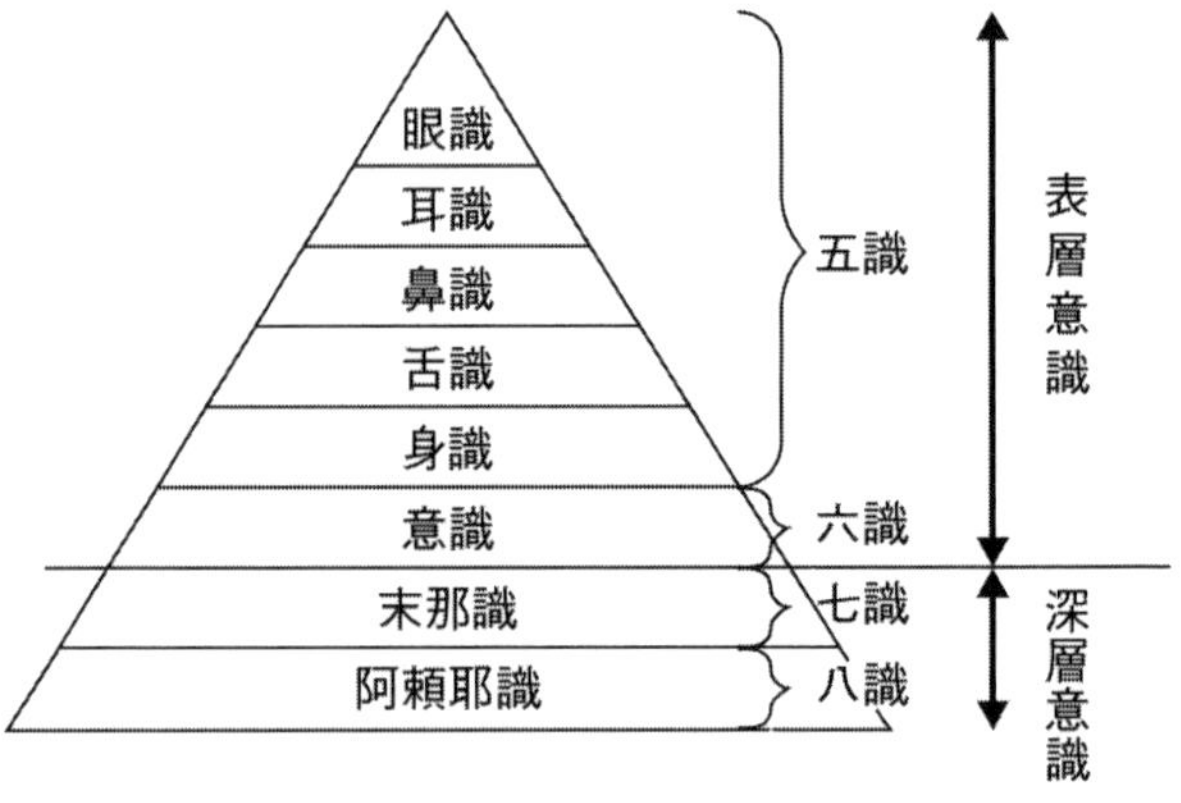

眼識
耳識
鼻識
舌識
身識
意識
末那識
阿頼耶識
五識
六識
七識
八識
表層意識
深層意識

坐禅でクリエイティブになれるメカニズムとは？

この唯識論を踏まえた上で、坐禅は、末那識と阿頼耶識の中を掃除する行為に相当します。部屋を掃除しないとホコリやゴミが溜まっていくように、放っておくと無意識領域がさまざまな感情で荒れてゆきます。そこで、定期的に坐禅を行うことで、無意識領域を綺麗な空間のままキープできるのです。この状態では、アイデアの種が阿頼耶識に入ると、意識領域までスムーズに上っていけます。煮詰まった問題や、どうするのがよいか迷うことは、仕事でもプライベートでも日常的にあるでしょう。そんなときは、無理に答えを出さずに、すみやかに休み、翌朝に坐禅をするのがベストです。悩みが深い場合や、問題が難しい場合には、坐禅中であっても雑念が沸いてくるでしょう。それはそれでよしと捉え、放っておき、坐禅を続けます。その日に答えが出なくてモヤモヤしても、気にせずに、次の日も坐禅を続けます。

それを繰り返すと、悩みや問題から発せられる、負の感情などの雑念がだんだんと剥がれてゆき、解決すべき問題だけが綺麗に切り取られてくるため、はっきりと見えてきます。その状態になると、もはや答えは勝手に浮かんでくるでしょう。畏れや恐怖、嫉妬や怒りなど、問題や悩みには、雑念がついています。じつは、問題そのものよりも、その雑念が絡みあっていることが原因で、創造的な案が出ずに行動を起こせなくなっているのです。

それがない状態で、「皆が喜ぶにはどうしたらよいか？」という思考が自動で発動する状態であれば、答えはシンプルに出ます。それがクリエイティブで創造的な解が出るメカニズムです。

アイデアが浮かぶというのは、そんなに奇抜なことではありません。自我を薄め、「人が喜ぶためにどうすればよいのか？」「自分がどの様であれば楽しいのか？」という思考が発動すれば、誰でも自然とできることです。そのためには、坐禅が最も効果的だといえるのです。

禅の教え
34

「感情バイアスゼロ」で正確なトラブルシューティング

華(はな)は愛憎(あいぞう)に散(ち)り　草(くさ)は棄嫌(きけん)に生(しょう)うるのみなり

——正法眼蔵現成公案

花は愛され惜しまれて散り、草は嫌われながら生えている。人間の主観で印象が異なるだけで、花も草も同じように生えている。そして、草花と同様に、人生には悟りも煩悩もどちらも必要なものである。

感情バイアスが問題を生み出す原因

感情によるさまざまな思い込みや先入観が消えてくると、日々の問題がスムーズに解決できるようになります。なぜなら、問題をこじらせている原因のほとんどはこのような感情バイアスだからです。

人は「感情の生き物」とよく言われますが、興奮したりイライラすると、正確な判断ができなくなります。特にトラブルが起こったとき、行動が感情に左右された経験がある方も多いでしょう。

そのようなときは、まず事実を正確に把握することが大切です。

「何が原因なのか?」

「なぜ今の状況になってしまったのか?」

などを考えることによって現状がわかります。あなたが上司ならば、もし部下のミスが原因だと判明しても、感情的に部下を怒るよりも問題解決することが先決です。まずは、ありのままに全体を眺め、対応策とその実行する順序を決めてからトラブルシューティングに集中することです。

「貪瞋痴」の三毒とは?

仏教では諸悪の根源は、「貪瞋痴(とんじんち)」の三毒と教えています。貪は、際限のない欲。瞋は、怒りや憎しみの心。痴は、無知。この3つを無くすことが大切だと教えています。この三毒が思い込みのバイアスをつくり、ほとんどの問題を複雑にしているからです。

坐禅では観照を大切にしています。先述したように、観照とは、坐禅中に生じる雑念や呼吸などの身体の状態をありのままに観ることです。「あ、私にはいま雑念が浮かんでいるな」と遠くの景色を眺めるような感覚で行います。この感覚があると、余計な感情を使わずに日常のトラブルに対処できるようになります。こういった智恵を持ち、自分の中にある欲や怒りをよく観照すれば、自然と三毒は消えてゆきます。

煩悩も修行には必要なものである

禅語「華は愛憎に散り　草は棄嫌に生うるのみなり」は、道元禅師の言葉です。

現代語にすると、「花（華）は人々に愛され惜しまれて散り、草は人に嫌われながら生えている」という意味です。花も草も同じように生きていますが、人間が勝手に「花は愛しい」「草は余計で邪魔だ」と判断していると指摘した言葉です。主観だけで判断することを戒めた言葉でもあると思います。

さらに、この禅語は「華＝悟り」「草＝煩悩」と置き換えると、禅の修行における大切なポイントを伝える禅語になります。

つまり、「悟りが愛すべきもので、煩悩が邪魔なもの」という考え方も、人間が勝手につくり出した幻想です。誰でも生きていれば、必ず煩悩に思い悩むものであり、悟りも煩悩も自然の理の一環としてそこにあるだけです。煩悩の苦しみから脱するため、修行して悟りを目指すことを考えれば、煩悩も修行には必要なものです。

あなたの感情や煩悩によって、物事を判断していないでしょうか？

あなたがどう思うかは関係なく、物事は変わらずそこに存在しています。このように、感情バイアスを持たずに、物事をありのままに観照できると、とても難しいと感じていた問題も意外と簡単に解決するでしょう。

「自分目線」でなく「相手目線」で物事を見るには？

——碧巌録

主客一如（しゅきゃくいちにょ）と水急不流月（みずきゅうにしてつきをながさず）

もてなす主人ともてなされる客人が一つになることが大切である。そして、水の流れがどんなに急であっても川に映った月は流れない。

もてなす側ともてなされる側の心を一つにする

会社や組織のリーダーは、事業全体を見た上で組織の向かう方向を定めて、戦略や戦術を決めることが求められます。しかし、現代は不確実性の時代といわれており、刻一刻と外部環境が変化するため、最初に決めた計画も柔軟に見直す必要があります。当初のプラン通りに進めた結果、大きなビジネスチャンスを逃すこともあるでしょう。

このような激流の時代で、リーダーたちに参考になる二つの禅語を紹介します。

一つ目は、「主客一如（しゅきゃくいちにょ）」という禅語です。これは自他一如の発展形の禅語ですが、主人と客人が一つになり、お互いに相手の立場に立って考えることの大切さを伝えています。もてなす側ともてなされる側の双方がお互いの気持ちになり、心を一つにする。私たちは、知らず知らずのうちに自分を「主」、相手を「客」として分けて考えていますが、ビジネスでも分け隔てることなく一体となり、お客さんの気持ちになり切って考えることが大事と捉えることができます。

川に映った月のようにブレない自分を持つ

二つ目は、「水急不流月（みずきゅうにしてつきをながさず）」という禅語です。水の流れがどれだけ急であっても、水面に映る月は流れないという意味です。川に映った月は、ずっと川に映ったままでそこに存在しています。自分を取り巻く環境がどんなに激変しても、自分の信念さえしっかりしていれば、環境に流されることはありません。どんな状況でもブレない自分を持つことは、特に今の時代には大切だと感じています。

公のために生きる会社は繁栄する

筆者は常に経営者やビジネスリーダーの弟子には「公のために生きよ」と言っています。この視点を常に持つことができれば、自分や自社本意の判断や決断をすることはありません。たとえ、短期的にはビジネス的に損をすることがあっても、大きな視点で公のために役に立てる判断をすれば、おのずから世の中に必要とされる会社となり、社会の繁栄に貢献すると共に会社も発展、繁栄します。

例えば、以前ミネラルウォーターのボルヴィックが「1ℓ for 10ℓ」というキャンペーンをしていました。ミネラルウォーターを1ℓ買うと、安全な水の飲めないアフリカの国々に10ℓの水を贈るという内容でした。10年間でキャンペーンは終わり、企業のCSR活動としては失敗したという声もあるようです。しかし、商品を買ってもらうことで社会貢献ができるという仕組みを続けた良いブランドイメージは残っています。そのため、仮に短期的には大きな成果が出なくても、長期的にはビジネスとして繁栄するでしょう。これは、公のために行動した結果、ビジネスも発展する好例です。

水面に映る月のように、常に「公のため」を念頭におきながら、流行やお客様視点を考慮し、自分軸を持って判断することが大切です。日に日に変化のスピードが早くなる世の中ですが、禅の教えを活かせば、穢れ(けがれ)のない純真で落ち着いた心持ちでしっかりと対処することができます。

一見困難に見えても慈しみの心で解決できる

官には針をも容れず、私には車馬を通ず

どんなに通るのが困難な道であっても、苦しんでいる人がいるならば、見事にその裏をかいて通してみせる。それこそが「仏の道」である。

――正法眼蔵海印三昧

慈悲の心とは何か？

冒頭の禅語は、仰山禅師（西暦８０４～８９０年）の言葉です。「官は表では針を通さない厳しさを持っているが、裏口では馬車を簡単に通している」と当時の役所を風刺しました。

それと同時に、この禅語は「針の穴を通すぐらい非常に困難な道であったとしても、困っている人がいるならば、裏をかいてなんとしても仏教を伝える。それこそが仏の道である」という仰山禅師の強い意志も伝えています。

仰山禅師のような慈悲の心を持った日本人のエピソードを紹介します。江戸時代に板倉重矩（いたくらしげのり）という大名がいました。重矩が出かけているとき、板倉家の小姓が家宝の弓を引いて遊んでいました。そこで、小姓は誤って、家宝の弓を折ってしまったのです。使用人は、小姓をひどく叱り、監禁しました。小姓は家宝の弓を遊んで壊したので、打ち首を覚悟して主人の重矩の帰りを待ちました。

事情を聞いた重矩は、「私はこの弓を常に近くに置いて、万が一に備えていた。しかし、小姓が引いても折れる弓ならば、自分が引いても折れて危機に陥っただろう。むしろ事前に知ることができたことはよいことである」と言って、笑って許したのでした。当時の主従関係を考えると、打ち首にされてもおかしくありません。しかし、重矩は慈悲の心で小姓の命を助けたのです。

苦しみを取り除ける「八正道」とは？

慈悲心は、仏教の根本的な思想で、苦を抜き、楽を与える「抜苦与楽」の思想です。ブッダが菩提樹の下で坐禅をし、悟りを得たのち、最初の説法と言われる「四諦八正道」で抜苦与楽を実践する道を説きました。

「人生は苦しみであり、その苦しみには原因があり、滅することができる。そのための道がある。それが8つの正しい道、『八正道』である」と説いています。八正道とは、正見、正語、正命、正念、正思惟、正業、正精進、正定です。

・正見……ありのまま正しく観る
・正語……嘘や悪口、陰口を言わない
・正命……世のためになる仕事、生き方をする
・正念……今だけに集中する
・正思惟……正しく考え判断する
・正業……殺生や盗みをしない
・正精進……善い努力をする
・正定……この道に禅定三昧し、浸りきる

このような八正道を実践し、浸りきるための修行が坐禅です。坐禅をして自分を内観し、ありのままに観る「正見」から八正道は始まります。煩悩や自我を捨て、ありのままに観ることができないと、全てがずれてゆき、苦を抜くことはできません。

禅の道は人生の苦しみを取り、楽しみを与えてくれる

物事を自分に都合よく考えて判断して進めても、長期的には失敗します。最初は順調でも、最終的には必ずうまくいかなくなり、自分の苦として降りかかってくるのです。例えば、仕事で「部下や顧客に対してこうあってほしい」という自分都合の判断をした結果、結局は問題やトラブルが発生した…そんな経験は誰しもあるのではないでしょうか?

人生は苦しみであり、それを滅する道があります。困難のように観えても、必ず解決できる方法はあります。多くの人に「抜苦与楽」を体験してもらい、豊かな人生を送ってほしいと願っています。

第6章

失態

——悟りが遠のく
坐禅の落とし穴

「ねばならない」は失敗の種

善くもあれ悪くもあれ仏祖の言語行履に随ひゆくなり。吾が心に善しと思ひ亦世人のよしと思ふこと、必ずしも善からず。

——正法眼蔵随聞記

善いこと悪いことに関係なく、善悪の基準を捨てなければならない。自分で良いと思い、世間の人が良いと思うことであっても、必ずしも良いとは限らない。

そもそも失敗というものは存在しない

禅の世界において「道場は己の思考の中にある」という教えがあります。「こうでなければならない」という思い込みは、ほとんどが自ら勝手につくり出した考え方であり、失敗のもとです。そして、失敗かどうかを決めているのは人間の主観です。そう考えてみると、そもそも失敗というものは存在しません。

冒頭の禅語は、道元禅師の生の声を記した『正法眼蔵随聞記』の巻三の一説です。「自分と世間の人が良いと思うほとんどの物事は、自然の摂理に反していると考えたほうがよい」と伝えています。そして、「理論を知ることは大切だけれども、思い込みにとらわれないことはもっと大切だ」とも禅師は言っています。これは、知識への依存心を減らしましょうというメッセージでもあるのです。

「売上至上主義」の罠とは？

仕事の現場においても、思い込みから問題が発生することも多いでしょう。

例えばよくあるのは「売上至上主義」に陥ることから問題が起きてしまうことです。当然、経営を持続してゆくためには、売上を上げることは必須です。しかし、働く社員、商品・サービスを受けるお客様と調和されていない状態で、売上だけを優先させると、必ずいずれ破綻します。たとえ経営層が具体的に指示をしなくても、売上で評価する人事制度を選択し、売上以外を軽視したマネジメントを行うと、現場は勝手に売上至上主義になってゆくのです。

その結果、経営層から見えないところで、パワハラや不正などが起こります。不正を起こした企業の経営陣が会見で「そんなことは指示をしていない」と発言するのをよく見ますが、指示はしなくても、そうなるように会社の仕組みを作ってしまっているのです。それは、その経営者の「売上を上げねばならない」という過剰な思い込みが会社の仕組みに反映されているためで、このような不正は、経営者の責任といえるでしょう。

雑念を離れるという意識からも離れる

禅の世界でも「坐禅中は無にならなければならない」「思考を止めなければならない」と「ねばならない」と決めつけて、ついつい自らの主観にとらわれがちです。

たとえば、坐禅中に雑念が止まらずに追いかけてしまったとします。そのときに「雑念を止める方法はないだろうか?」と考えてしまうかもしれません。それが執着となり「全然無になれない…」「自分には坐禅なんて無理なのではないだろうか?」と自らの思い込みが執着となり、雑念が消えません。このように「思考が止まらないな」と思っても、放っておけばよいのです。

雑念を捨てて離れ、さらには、**離れるという意識からも離れること**が大切です。

主観が多くなると雑念が増え、悟りから遠のくことになります。思い込みや決めつけをやめて、一つひとつ自由自在になるということが悟りです。「自らの考え方は正しい」と決めつけないことが、悟りに近づく第一歩だといえるでしょう。

体調が悪いときに坐ると逆効果

静室(じょうしつ)宜(よろ)しく、飲食節(おんじきふし)あり。諸縁(しょえん)を放捨(ほうしゃ)し、万事(ばんじ)を休息(きゅうそく)して、善悪(ぜんあく)を思(おも)わず、是非(ぜひ)を管(かん)すること莫(な)れ。

——普勧坐禅儀

坐禅をするには静かな場所がよく、普段の食生活が大切である。坐禅中は、日常の全てのことを忘れて、心身を休めて、善悪の判断をやめて、周りの人と比較すべきではない。

坐禅する際の心構えとやり方

道元禅師は『普勧坐禅儀』において、坐禅する際の心構えとやり方を伝えています。その中の一節に「静室宜しく、飲食節あり。諸縁を放捨し、万事を休息して、善悪を思わず、是非を管すること莫れ」という禅語があります。

「静室」とは、静かな場所や部屋を指しています。音が静かであることに加え、温度も暑すぎず寒すぎず丁度よい環境であることも含んでいます。坐禅する場所は、静かな環境を選ぶことが大切です。例えば、鳥のさえずりや小川の流れる音ならば集中できますが、車が行きかう道路のそばなど、騒音がする場所では坐禅に集中するのは難しいでしょう。

「飲食」とは、適度な食事をとることを心がけるということです。食生活が悪いと体調も悪くなるため、良い坐禅ができません。普段からの体調管理が大切になります。

「諸縁を放捨し」とは、坐禅中は日常の全てから離れるということです。

「休息」とは、身体を休めるということに加え、善悪を判断しないなどの思考を休むことも含まれます。

「是非を管すること莫れ」とは、周りの人と比べるな、という意味です。例えば、「自分は雑念ばかりでうまく坐禅ができなかったけど、お前は雑念なく坐れていいなぁ」といった周りの人に嫉妬するような考えをやめるということです。

禅の修行は「安楽の法門なり」

筆者も経験がありますが、体調が悪いときに坐禅をしても、本当に良いことは一つもありません。30分おきにトイレに立ったり、坐禅中に居眠りしたら、もうそれは坐禅ではないからです。この場合、坐禅するための準備を怠っています。坐禅する前には、体調を調えておくべきでしょう。「万事を休息して」では、普段から体調を調えた生活をすることの大切さを伝えています。

禅の修行は、苦行と思う方も多いでしょう。道元禅師は、禅の修行は「**安楽の法門なり**」と説いています。安らぎであり、救いの道という意味です。たしかに、足が痛くなることもありますし、眠くて辛いこともあります。それも全て自分の命があるからこそ体験できることです。ただ安らかで、楽である道ではありませんが、抜苦与楽を確実に進む道です。しかし、体調が悪いときに無理して坐ったり、足が痛いのを無理やり我慢して坐り続けても、修行になりません。生活を調え、環境を調え、まるで海の中に浮かんでいるような状態で、身心脱落した状態で坐り、全てと調和するのです。

日常生活の全てが禅の修行である

坐禅中には、無我夢中になることが大切です。坐禅に入る前に、「今日はどのように坐ってみようか？」などと、自分なりに無心になれる方法を考えるのもよいと思います。何度か坐っていくうちに、無心になれたときの感覚を振り返り、師に確認をしながら、坐禅の質が上がってゆきます。ただ、本当の悟りとは、こういった執着からも離れた状態です。何度も何度も坐っていくうちに無我の境地に近づくのです。

その境地に至るためには、座禅中だけでなく普段の生活を調えておくことが大切です。坐禅とは坐っているときだけを指すのではありません。坐っていない日常生活の全てを含めて禅の修行だと捉えるのです。生活の中に禅がある「活禅」の心得をもって生活することで、悟りに近づくのではなく、悟りのほうからこちらにやってきます。悟りは遠くにあるものではありません。「すでに悟りの中にあることに気づく」ことが悟りです。それに気づくための行法が、お釈迦様のお悟りになった坐禅なのです。

「我」を捨てないと成果は出ない

萬里無片雲（ばんりへんうんなし）

煩悩が消えて心は澄み渡り、秋の空のように一片の雲もない。

——景徳伝灯録

罪悪感という「我欲」を捨て、大きな結果を出すこと

坐禅で悟りに至るための障害となるものは、雑念や煩悩だけではありません。「我」に執着することが大きな壁となります。

我に執着し、自己の利益のためだけに行動することは、調和から離れることで、悟りの世界から大きく離れます。残念ながら、現在の日本では利己的な行動をとる人が増えていると感じています。筆者は、利己的なビジネスを**間違いのビジネス**と呼んでいます。やはり、多くの人が間違いのビジネスをしている以上、調和された社会や幸福な人生からは遠ざかるでしょう。

例えば、筆者の弟子に、脱税事件に巻き込まれてしまった経営者Aさんがいます。経営者責任で2億円の借金を個人で背負い、代表を退いた方です。そのような状況で、彼は私の寺に来たのです。「みんなに悪いことをしてしまった…自分だけが幸せになってはならない」と罪悪感が消えませんでした。しかし、彼は坐禅を続けていくと徐々に「罪悪感で自分を痛めつけ、それが自分の救いになるという間違った執着をしている」と気づきました。借金を背負い続けることが自分の償いであるという状況に、気づかぬうちに陥っていました。自分の罪悪感が「我欲」だと気づいたのです。それからは、段々と罪悪感を手放し、ある日の坐禅で「自分を許してもいい」と気づいたAさんは、罪悪感という執着を完全に手放しました。そこから、5年間で2億円の借金を返済し、現在では大活躍されています。このように、坐禅によって「我欲」を捨てられると、大きく人生を変えることも可能です。

雑念や妄想が一切ない悟りの境地とは？

冒頭の禅語「萬里無片雲（ばんりへんうんなし）」は、雑念や妄想が一切ない悟りの境地を表しています。「萬里」とは、万里に渡る自分の心です。「片雲」とは、ぽつんぽつんと浮いている浮雲のことです。浮雲は雑念であり、「無片雲」は、雑念のない蒼空の状態を表しています。

坐禅中、心の中に山が現れたとします。やがて、その山の形がどんどん変化していく。それは、自分の心が勝手に変化させており、この心こそが自我です。雑念が浮雲のように脳裏に浮かんでくると、山がいろんなものに観えます。最初に観えた山の形自体は、変わらない一つの形なのに、自分の心がどんどん変わることで、山の形も変化してしまう。これは、日常生活でも、自我が出ている状態で起こっていることです。

「我欲」を手放すために坐禅がある

大相撲でも、大関になった途端に急に勝てなくなる力士がいます。これは「我欲」が出てしまった例だと考えています。前頭時代には無心になって目の前の一番を戦って、良い成績を収め、小結、関脇と昇進します。「大関を目指しますか？」とインタビューを受けても、「はい。目指します」と答える力士は少なく、「目の前の一番一番をがんばります」と答える力士が多いと感じます。強い力士は、「我欲」を捨てて無心になって取り組んだからこそ、大関や横綱に昇進するのです。

人生においても、「我欲」が出ると、これまで順調に進んでいたことが急に失敗することもあります。「我欲」を捨てて、利他の心で行動できたから、その後に大きな成果が待っているのです。坐禅によって、自分を内観し「我欲」に気づくこと。これがまずは一歩目です。坐禅を続けることで、「我欲」はだんだんと薄まってゆきます。手放すことができる日が必ず来ます。共に坐りましょう。

坐っているときだけが禅ではない

作佛を圖する事なかれ、坐臥を脱落すべし

——正法眼蔵坐禅儀

仏になろうと思うな。坐禅とは単に坐ることではない。

生きていることそのものが禅

「活禅」とは、坐っているときだけが禅ではなく、生活の全てが禅だという意味です。筆者は好んで、この「活禅」という言葉を使っています。もし、坐禅だけで悟った人がいたとすれば、とても違和感があります。なぜなら、生きていることそのものが禅だからです。

決して坐禅をしているときだけが、禅ではありません。
悟りとは、自然の摂理を知ることです。そう考えたときに、普段の生活も含めて禅だと考えるほうが自然なのです。

仏になろうとすると、仏を殺すことになる

冒頭の「作佛を圖する事なかれ、坐臥を脱落すべし」という禅語。道元禅師は『正法眼蔵』の中で、唐の時代の南嶽大慧禅師と弟子の道一とのエピソードを紹介しています。道一は、お寺に住みながら坐禅を行う日々を送っていました。あるとき、禅師は道一に話しかけました。

禅師「あなたは、何のために坐禅をしているのですか?」
道一「仏になるためです」

禅師は、いきなり瓦の破片を拾い、庭に落ちていた石で擦り始めました。その様子を見

ていた道一は不思議に思って、禅師に声をかけました。

道一「師匠、いま何をされているのですか？」
禅師「鏡を作るために磨いています」
道一「瓦を磨いて鏡を作れるでしょうか？」
禅師「では、逆に聞きますが、坐禅すれば仏になれるのでしょうか？」

道一は、その言葉で師匠の意図を悟り、質問をしました。

道一「師匠、私は何をすればよいのでしょうか？」
禅師「あなたが牛車に乗っていたら、車が止まって動かなくなったとします。このとき、牛を鞭で打ちますか？　あるいは、車を鞭で打ちますか？」

禅師の質問に対して、道一は黙ってしまいました。そして、禅師は次のような言葉を道一に向かって投げかけたのです。

「あなたは、坐禅を学んでいるのですか？　あるいは、坐禅で仏になる修行を学んでいるのですか？　もし坐禅で仏になる修行を学びたいのなら、仏とは決まった姿が無いことを知る必要があるでしょう。あなたが仏になろうとすると、仏を殺すことになります。坐禅の形に固執すると、本質にはたどり着けないでしょう」

動も禅であり、坐も禅である

このエピソードは、目的を持って坐禅を行っていては、決して悟りにはたどり着けないと伝えています。もちろん、悟りを得るために、仏道修行に入る強い決心は必要です。それを仏教用語で「**発菩提心**（ぼつぼだいしん）」といいます。坐禅をする前には、「必ず悟りを得るぞ！」と心に刻むことは必要です。

しかし、一度心に刻んだら「忘れる」ことが必須の奥義です。これは、何度も何度も弟子たちにも言っています。「強い決心」と「忘れること」。これがセットです。これは、物事を成就するためには必須の奥義です。まさに禅問答のようですが、「忘れる」ということを、どうぞ、忘れないでおいてください。

禅とは、生活の全てです。動も禅であり、また坐も禅なのです。禅とは、生そのものであり「生命の宣言」ともいえるでしょう。

「発菩提心」については、次項で詳しく述べます。

情熱がなければ悟りへは至らない

——正法眼蔵発菩提心

発菩提心（ほつぼだいしん）

悟りの心を起こすこと。

全ては心の中で思うことから始まる

全ての現実は、心で願うことから始まります。インドの思想では、宇宙にはプラーナというエネルギーが存在していると考えます。そして、物事が現象化するためには、プラーナが必要だといわれています。

冒頭の「発菩提心」という禅語は、悟りを発心するという意味です。発心とは思うことで、悟るためには「悟りたい」と思う情熱が必要です。もちろん、悟りたいと思ったからといって、全ての人が悟れるわけではありません。しかし、悟りたいという気持ちが全くゼロであれば、ある日突然悟るということはないのです。悟りに限らず、心の中で思うことが全てのスタートというのは真理でしょう。

胸にナイフで彫って刻むような覚悟を持つ

筆者の弟子には、企業の経営者やビジネスリーダーが多くいます。そういう方々は、ビジネスで成し遂げたいことがあります。成し遂げたいことを、胸にナイフで彫って刻むような覚悟を持つことがとても大切です。発菩提心とは、それくらいの覚悟と決心を持つことを意味しています。前章でも記しましたが、決心は何度もしてもよいのですが、決心したら、そこに執着せずに忘れることが必須です。

強い覚悟で決心をした際に、プラーナが発せられます。そのエネルギー波動が発せられることで、物事を成就するのに必要な情報や人が共鳴して、集まってきます。よく言う、「引き寄せ」というものです。

しかし、決心したことをいつまでも忘れずに執着していると、違う波動となってしまいます。執着の無い純粋無垢な強い覚悟で決心した際に出るプラーナが物事を成就するのに必須です。純粋な気持ちで覚悟し、決心をしたら、さっと忘れる。これが大事なのです。

お金を祓うことは、祓い清めと同じこと

仕事でも、習い事でも、スポーツでも万事に同じです。覚悟と決心をする。学ぶのにお金を祓うことも、決心を強くしてくれます。普通は、お金を「払う」ですが、ここでの「祓う」とは、祓い清めの祓うと同じ字を使います。大切な学びを得るのに、邪念をお金で祓って、純粋な気持ちで学びに行く。その覚悟も大切ですし、お金を頂いた側もその気概を受け取ってお伝えする。そんな師弟の関係が良い教育を生むと考えています。人はお金を祓ったからこそ、必死で学び多くのものを得ようとします。そして、情熱と覚悟があると行動が変わってくるため、結果が早く出ます。お金を祓うことで結果も早く出るという好循環サイクルが起こるのです。

仕事でも人生でも、始めから情熱がなければ、継続して行動はできません。人は情熱があるからこそ行動もできるし、行動するからこそ悟りに至ります。全ての結果はあなたの心の火を灯すところから始まるのです。

知識だけでは悟れない

――宗鏡録

不立文字（ふりゅうもんじ）　**教外別伝**（きょうげべつでん）

禅の教えは文字や言葉では伝わらない。心から心へ、以心伝心で伝わる。

文字だけで全てを伝えることはできない

言葉はとても便利なツールですが、話したりや文章で伝えられることには限界があります。特に、禅の世界は文字や言葉ではその奥義は伝わりません。

それを表した禅語が「不立文字　教外別伝」です。

いくら経典を深く学んだとしても、文字だけでは教えの全てを伝えるのは不可能です。そもそも、悟りの境地に至ったかどうかは、目で確認することはできません。釈迦の教えも、師匠から弟子へと言葉を超えた以心伝心で伝えてきました。

道元禅師も、禅の修行の方法について「端坐参禅を正門とせり」と言っています。これは、「師の下を訪れて、共に坐ることが禅修行の正式なやり方である」という意味です。もう少し付け加えると、道元禅師は師がまとう気や発する波動を受け取り、それを自分も身に付けることができるようになることが禅修行の要諦であると伝えています。これはお釈迦様が集まった弟子たちの前で、蓮の花をねじり取り微笑んだとき、他の弟子たちは何のことやらわからない中、弟子の一人、摩訶迦葉だけがお釈迦様に微笑み返したのです。お釈迦様が摩訶迦葉（まかかしょう）だけに正法を授けた説話「拈華微笑（ねんげびしょう）」にも、以心伝心が必須であることを伝えています。

もちろん、理論を学ぶことも同時に大事ですが、それだけでなく、以心伝心で伝えることも同時に必須の教えなのです。

「禅の真髄を悟っていない」と語った禅僧の真意とは？

唐代の禅僧である大珠慧海（だいじゅうかい）は、馬祖道一の弟子です。大珠慧海は『諸法門人参問語録』の中で「私には禅がわからない」と記しています。普通に考えたら、禅のことを深く知っているはずの禅僧が言うことはないでしょう。しかし、筆者は大珠慧海が「まだまだ禅の真髄を悟っていない」と謙虚になることの大切さを伝えたのだと思っています。

当時、大珠慧海のもとには多くの修行者たちが教えを乞いに来ていました。大珠慧海はその修行者たちに対して、次のように言ったのです。

「私は禅のことをわかっていません。人に教えられるようなことは全く一つもありません。だからあなたたちに長時間立ってもらう必要は無いのです。とにかく引き取りなさい」

これだけ聞くと突き放したように感じますが、こう言われてもなお、その気配や波動を感じて参禅してくる修行者たちに、大珠慧海は昼も夜も熱心に教えたと伝わっています。

仕事の知識よりも大切なこと

ビジネスの世界でも、仕事の知識だけでは大きな成果を出すことは難しいでしょう。オンラインで仕事を行えることも増えましたが、未熟な若者を一人前のビジネスマンに育てるには、やはり、共に仕事や食事をすることも大切です。所作や考え方、読んでいる本、付き合っている人、趣味などを一流の先輩たちから感じ、学び取り、成長し、仕事へ活かしてゆくことのほうが、じつは仕事の知識よりも重要なのです。

現代人は、知識ばかりを尊重しすぎた教育を受けてきたために、弊害が出ています。特に五感や直観が鈍くなったことで、大きな判断を誤るケースが多いと感じています。人生で大きな成果を上げるためには、坐禅によって五感を磨くことこそが大きな力となってくれるはずなのです。

坐禅に依存しない

自灯明　法灯明

自分の内なる仏性と絶対真理を頼りにすべきである。

——長阿含経

絶対真理と自分の本性は同じもの

坐禅は大きく人生を変えるきっかけとなりますが、坐禅に依存しすぎることも問題です。自分軸が無いままに、ただ長時間坐禅をしていても、悟りに至るわけではありません。

冒頭の禅語「自灯明　法灯明」は、お釈迦様が亡くなるときに弟子たちに説いた言葉です。

自灯明は自分の仏心、法灯明は自然の摂理を表します。自己の内奥の仏性を認識し、達磨という真理だけを頼りにすべきだと言っています。自分の内なる仏性とは、自分の本性、本能のことです。それは、お釈迦様は絶対真理と全く別のものではなく、同じものだと伝えています。絶対真理と自分の本性を明かりとして灯し、生きてゆくことがお釈迦様の教えです。

坐った時間にこだわる人は、坐禅に依存している

最近は、坐禅をする人も増えた結果、〝坐禅アプリ〟なるものも登場し、坐った時間だけを大切にする人がいます。坐禅アプリで「毎日30分続けられた」「合計1000時間坐ったので悟りに近づいている」などと考えるのです。これでは、完全に坐禅時間に依存している状態だといえるでしょう。なぜなら、「たくさん坐れば、いずれ悟るだろう」という依存心が見えるからです。

残念ながら、坐禅した時間と悟りの度合いに相関関係はありません。一般的には、50時間坐ると変わるともいわれています。しかし、坐禅した時間を計測して「今月はもう50時間を超えた」と周りに自慢して、自己肯定感を満たしたり、悟りを目的に坐っても意味が

ありません。長時間坐ると精神が安定するホルモンが出る事実は確かにあるのですが、そこに執着して坐る行為は、もはや坐禅や禅とは似て非なるものです。

お釈迦様の考え方が他の宗教と違うのは、「自灯明　法灯明」という言葉に色濃く出ています。つまり「**信仰してはならぬ**」と説いているのです。新興宗教などで、盲信させ、お布施をすれば救われると教える場合がありますが、それでは人は全く救われません。自分自身と自然の摂理を頼りにして、生きる。これが全宇宙の中で、人間が人間の役割をまっとうできる生き方であり、在り方なのです。

宗教だけでなく、ビジネスでもお金だけを信じ、ただ儲ければいいという会社では、全く存在価値がありません。お金はただの道具です。それを盲信し、自然や他人を蔑ろにし、金儲けに突き進んでしまう。そのような企業はいずれ、自然の摂理により必ず破滅します。これは、企業の不祥事などを見れば、明らかでしょう。自らの本性や自然の摂理がわからなくなってしまうのは「金の魔」に絡めとられているためです。金の魔は誰にでも入りやすい魔です。魔は最終的に人を滅ぼします。

そうならないために、「自分の本性とは何か?」「自然の摂理とは何か?」を禅行の中で知ることが大切です。

坐禅の質が大切である

昨今、従来の坐禅に関する本にも、読む人の欲の穴を埋めるための情報を提供している風潮があると感じます。たった5分の坐禅で人生が変わるという内容も多いのですが、本当に大切なのは、**「身を調える、心を調える」**ことです。坐禅は「ただ5分間坐ればいい」という記録会ではありません。坐禅の質が大切であり、坐禅を始める方には、ぜひ質を大事にして坐ってほしいと願っています。

禅が広まるのは素晴らしいことですが、禅への視点が根本的に違っている場合が多いと感じます。禅といえば坐禅だけで語られる場合が多いのですが、普段の生活の在り方、行動するときの哲学がとても大切です。禅は**「行学一如（こうがくいちにょ）」**と言われますが、行動も学問も同じものであり、両方大事です。この両輪を意識した生き方をすることが悟りへとつながる道なのです。

第7章

叡智

——「禅の悟入」による社会貢献

世の中に貢献できる人財になれますか？

天の時、地の利、人の和

自分の心の中にある善悪の基準を捨てなければならない。天地人が一体化したような安定感を味わうことが悟りの入口である。

——憲良

精進の先に訪れる天が与えてくれる機会

質の良い坐禅を続けると、〝身心脱落〟で解放されるため、雑音が除去されてゆきます。
叡智が備わり精神状態が良くなると、家庭や会社でも人間関係が円滑になるのを実感できるでしょう。心理的余裕ができた人は、自然と世の中に社会貢献できる人財へと成長します。

冒頭の「天の時、地の利、人の和」は、筆者が唱えた禅語です。

「天の時」とは、早すぎもせず、遅すぎもせず、精進の先に誰しもに自然に訪れる機会です。世の中に貢献するには、時代が求めていることに一致している必要があります。来たるべきときを焦らず、油断せずに見極めることが大切です。

「地の利」とは、自分の立場で貢献できることです。「自分の役割は何か?」を坐禅の中で自分を内観し、自分がどうやって社会貢献できるかを見極めることが大切です。

「人の和」は、何かを成し遂げるには周りの人と和合することが大切であると伝えています。

「天の時、地の利、人の和」という三つが調和し、一体となることで、初めて社会貢献につながります。これを坐禅により見極めて、一体となる自分磨きをすることが可能です。

「謙虚、感謝、思いやり」を徹底し、観えてくること

坐禅をきっかけに目覚めた経営者がいます。彼は、筆者が普段から繰り返し言っている

「**謙虚、感謝、思いやり**」を、会社の社員全員の言動の根本に据えました。オフィスの入口や社員一人ひとりの机にも、この言葉が見えるようにしたのです。そうすると、面接を受けに来た学生でも、「この言葉に共感しました」と入社する人が現れ始めました。彼の会社は、競合他社も多い業種にもかかわらず、売上が3倍、社員数も3倍に成長。さらに、全国展開のために、積極的にどんどん新しい社員を採用し、破竹の勢いです。

これは、禅の教えをビジネスに活かした好例だといえるでしょう。謙虚と感謝と思いやりを大事にすることで、そこに共感し、大企業の内定を断って入社したりと、素直で優秀な人財が全国から集まってきたのです。

さらには、新入社員でさえも他社訪問する際に「弊社は、謙虚、感謝、思いやりを言動の基本にしています」と挨拶するのです。会社をあげて常にこの価値基準で行動しています。ここまで徹底しているからこそ、結果として、社会に求められ、自然と会社は成長するのです。「**謙虚、感謝、思いやり**」という言葉を社員の言動の根本に据え、それを徹底して精進することで、「天の時、地の利、人の和」が一体となり、結果として、会社が世に貢献できるのです。

禅的な心を持つことは事業の継続につながる

人は徳を積むことが評価される環境にいると、社会貢献を続けることができます。情報社会の現在では、企業の不祥事がすぐ明るみになる時代です。持続可能な事業を行うためには、ますます禅的な心が求められるでしょう。本書で紹介することが、禅のエッセンスを掴むきっかけになれば幸いです。

自らの役割に集中できますか？

直指人心　見性成仏

本当の自分の心を見つめて、仏性を把握しなさい。自分の本性になりきることで悟りが見えてくるのだ。

——正法眼蔵仏教

欲をバランスよく使って社会貢献

大きく社会に貢献する人は、自分の役割を知り、一心不乱に邁進した人だと言えるでしょう。そうなるためには、自分の役割に集中できる環境に身を置くことも大切です。そして、自分の役割を成就するという欲をうまく使うことが前に進んでゆくエネルギーにもなります。

筆者は、普段から周りの人に「欲をうまく使いなさい」と伝えています。やはり、物事に邁進するには欲という燃料がないと続きません。場合によっては、食欲、物欲、金銭欲、名誉欲などを使うことで役割に集中できることもあります。ただ、欲を使う場合でも、行き過ぎた欲だと逆効果になるため、バランスよく使う必要があります。バランスよく欲を使うためには「社会に貢献する自分」になりきることが大切です。

それを実現するために「社会に貢献できる自分の役割は何か？」「それに必要なことは何か？」を考え、そのためには、健康のために食事を大切にしたり、必要な環境を整えたり、それらに必要な金銭を稼いだり、影響力を持つために有名になることも必要かもしれません。

大切なことは「欲を自分のためだけに使わないこと」です。それが本当の意味で「欲をうまく使う」ということです。

自らの呼吸を確認することで、バランス感覚を養う

何事も調和が大切です。**調和をいちばん身近に体感できるのが呼吸**です。息を吸ってばかりでも、息を吐いてばかりでも人は5分と生きていられません。坐禅の中で、吸う息と吐く息が調和した呼吸ができているかを確認することで、バランス感覚が鍛えられます。

坐禅中に確認してみるとわかりますが、吸うのが少し早かったり、一度に多くの空気を吸い過ぎていたり、吐く息がスムーズに出ていなかったり、そんなバランスの悪い自分に気づきます。それがだんだんと調和してくると、自分が息をしている感覚も無くなっていきます。身体が必要な呼吸量を勝手に調整してくれるからです。これが外界と一体となった呼吸です。欲をうまく使えるバランス感覚を養うための坐禅の呼吸の要諦です。

大きな貢献をするには、自分の役割に気づいて行動すること

冒頭の禅語「直指人心　見性成仏」の解説をします。この禅語は達磨禅師の言葉で、「自分が生まれながらに持っている仏性はあなたの中にすでにある」という意味です。仏性とは、

自分の心の本性のこと。この禅語は、答えを禅の経典に求めても得られないということ、そして、坐禅や日々の生活を過ごす中で、自分の仏性や役割を知ることこそが悟りそのものだと教えてくれています。

禅の修行やビジネスの現場でも、いくら経典や知識を詰め込んでいても、やはり行動に勝るものはありません。そして、行動する際にも、自分の役割を知っているかどうかは大きな分かれ目です。自分の役割を見失っていては、決して大きな成果が得られることはありません。

世の中に大きな貢献ができる人は、自分の役割に気づき、その役割に無心で集中し続けた人なのです。坐禅を続けて内観することで、自分の本性を知り、自分の役割に気づくことができるでしょう。

出会うべき人と出会えること

有縁逐莫　空忍住勿　一種平懐　泯然自盡

動止止帰　止更彌動　唯両辺滞　寧一種知

——信心銘

善悪や感覚的な無常の世界を求めてはならない。無為の空見に陥ってもいけない。

波のない水面のような心になれば、有縁と空忍の二見は自然と消えていく。

心の動揺をやめて静かになろうと努力しても、心の動きは増すばかりだ。

二元対立を超えないと、真の無分別には至れない。

真の自己に目覚めると、出会いたい人に出会える世界があるのである。

会える人とは会えるようになっている

冒頭の禅語は、信心銘という経典から引用した禅語です。内容を一言にまとめると、「真の自己に目覚めると、出会いたい人に出会える真の世界がある」という意味です。

もう少し解説しましょう。

心理的にも物理的にも離れた場所に会いたい人がいるとします。時間が経つにつれ、だんだんと距離が近くなり、気がついたら向こうから会いに来てくれました。しばしばこのようなことは起こります。ただ、「あの人に会うぞ！」と強く意識し過ぎるとこのようなことは起きません。

宇宙の法則では、意識をせずとも、会える人とは会うべきタイミングで会えるようになっています。そのため、縁のある人をいちいち追いかける必要はありません。逆に、縁があるから空にならなくてはいけないと思う必要もありません。二見というのは自然に消えていくものであり、その心構えが一番よいのです。

「引き寄せの法則」は自然の摂理

巷でいう引き寄せの法則では、出会いたい人を明確にイメージすることが大切だとされています。しかし、実際は、「どうしても会いたい」と本性から浮かんだ思いを強く意識しないほうが出会いたい人に出会えます。「ご縁があれば会えるだろう」くらいの意識で大丈夫です。出会いたいことすら忘れて空になったとき、相手がその空いたスペースに入り込み、突然出会えたりするのです。真の引き寄せの法則とは「会いたい」という自分の欲さえも空にすると、自然と出会えるということです。

「禅の教え31」で紹介した量子力学の観点では、この引き寄せの法則をわかりやすく説明できます。人が発する振動数（波動）は、同じものは引き合い、違うものは離れます。会いたいと思わなくても、自分の波動を磨き、高めてゆけば、それと同じ波動の人と自然に出会うのです。そのためには、坐禅で自分の中の執着や雑念を祓い清め、自分の仏性つまり本性とは何か？　を究明し波動を調えてゆくのです。自分の波動が高まれば、自然と高い波動の人と引き合い、波動の合わない人と離れてゆきます。これが自然の摂理です。

波動が調和すると力強い組織となる

ビジネスの世界でも、同じ波動の人と共に働くと、自然と進みたい方向に向かって調和しながら仕事を進められます。とても心地よい仲間と共に力強く進んでいく会社は成長してゆきます。

筆者の寺で、全役員が禅を学んでいるある会社は、経営するうえで困難が起きても、社員全員で力を合わせて立ち向かっています。個性溢れるメンバーが揃いながらも、会社全体で根本の波動が調和した状態です。トップにいる役員たちが調和した波動を発していると、自然とその波動が会社全体の波動になり、大きなうねりを生み出しながら力強く進む組織へ進化していきます。

その結果、自然とそこに引き寄せられるような人材も採用できるようになります。そして、さらに組織が強く大きくなってゆきます。正しい精進を重ねることで、出会えるべき人と自然と会える状態になるのです。

禅の叡智によって公私の生活を昇華する

違順相争（いじゅんあいあらそう）　是為心病（これをしんびょうとなす）　不識玄旨（げんしをしらざれば）　徒労念静（ただねんじょうにろうする）

圓同大虚（まどかなることたいきょにおなじ）　無欠無餘（かくることなしあまることなし）　良由取捨（まことにしゅしゃによる）　所以不如（ゆえにふにょなり）

——信心銘

違うとか正しいとか争うのは心の病である。本来のことを知らなければ、いたずらに坐っているにすぎない。真の自己は円い心であり、この世界と同じように欠けることも余ることもない。我々が勝手に取捨選択するから欠けたり余ったりするのである。

私たちは欠けるところのない究極の球体である

冒頭の禅語「違順相争　是為心病」は「あなたは違う、私は正しい」と相手と争うことは心の病だと伝えています。まずは「違いはあって当たり前」を認識することから始めましょう。ほとんどの煩悩は「こちらが正解」「こちらは不正解」と二見で判断することから生じています。いろいろな意見や考え方があり、双方が譲り合いながら、共に納得する意見や、在り方を探ってゆけばよいのです。

「圓同大虚　無欠無餘」は、もともと私たちは、何も欠けることのない円い心を持っている、と力強いメッセージを伝えています。円い心は、お地蔵様の後ろにある丸い輪をイメージしてください。調った心は、満月のように球体になると言われています。人間の気は本来そのような球体ですが、我欲や差別などの煩悩があることで、球体から欠けた歪な形になってしまいます。本来、私たちは皆、欠けることも余ることもない究極の球体なのです。

思ったことは思ったようになる

信心銘に記された「圓同大虚　無欠無餘」、私たちは自分が思った通りの人生を歩めると教えてくれます。坐禅を組むことで宇宙の叡智が得られると伝えてきました。宇宙の叡智を一言で表すとすれば「思ったことが思ったようになる」ということです。

２００２年６月、じつは筆者の寺が火事になり、宿坊と寺務所、私の家族８人で住んでいた家が全焼してしまいました。本堂が焼けずに残ったことと怪我人が出なかったことは、大きな救いでしたが、家族の個人所有物などは一つ残らず焼けてしまいました。本書執筆中の現在でも、まだ自宅跡は更地のままで、近くのアパートで暮らしています。

しかし、思い返せば「宿坊の部屋も参禅する方の修行の疲れを癒せるようにしたいなぁ」「古くなり、床も軋んできたので、新しくしなければ」などと考えていたことに気づいたのです。この思いが火事を現実にしたのかもしれません。まだ、建築はこれからですが、全くの更地から建設し直すことにしました。せっかくなので、宿坊も修行に来られる方や、遠方からくる檀家さんのご家族が宿泊した際にくつろげるような宿坊にしたいと考えています。大切なお寺の一部を火事で消失し、多くの方にご迷惑やご心配をお掛けしており、大変申し訳ない気持ちで一杯です。しかし、「皆がくつろげる宿坊にしたい」と思ったことは、思ったようになっているのかもしれません。

「思い方」を調える心の在り様が大切

前述の例はあまりに極端かもしれませんが、禅の修行で自分を祓い清めていくと、思っていたことが実現するようになります。よくよく注意すべきは「良い思いでも、悪い思いでも、思ったようになる」ということです。そのため、欠けることも余ることもない円い心になる「思い方」を調える心の在り様が大切になるのです。

禅の修行を長年続けていても、実生活に叡智を活かせなければ意味がありません。仕事や人生のあらゆるシーンにおいて、坐禅で得た叡智をもとに行動することで道が開けてゆきます。そして、小さな行動を積み重ねていくうちに、遠くの大きなゴールへ到達していることに気づくでしょう。

「ビジネス」と「自然循環」は同じ原理で動く

夢幻空華（むげんくうげ）　何把捉労（なんぞはしゃくにろうせん）　得失是非（とくしつぜひ）　一時放却（いちじほうきゃくせよ）
眼若不睡（まなこもしねむらざれば）　諸夢自除（しょむおのずからのぞく）　心若不異（しんもしいならざれば）　万法一如（ばんぽういちにょなり）

——信心銘

ありもしない幻の花を捉えようとする無益な努力はやめなさい。
目が眠っていなければ全ての夢は消え、全てが一つであることに気づくだろう。

人間の欲望は全て夢と幻

「宇宙の摂理というのは全て空である」という真理を突いた言葉が「夢幻空華」です。

空華とは、空中に見えるありもしない花の影のこと。

私たち人間には、欲望がありますが、これらは全て夢と幻です。「花が見えたと思ったら、じつは花の影だった」と勘違いしているようなものです。極論のように聞こえますが、人が考えていることの全ては妄想です。例えば、「赤ちゃんが欲しい」と思っていた夫婦に、子どもが生まれたとします。しかし、その赤ちゃんが何らかの原因ですぐに亡くなってしまった…。まさに一瞬の幻のように、消えてしまったとします。夫婦は猛烈な悲しみに襲われると思いますが、それに対して「なぜ死なせてしまったんだろう…」と後悔し続けるのは辛いだけです。残念ながら、赤ちゃんが生き返ることはありません。厳しい言い方ですが、**「得失是非 一時放却」**、つまり、無益な苦労なのでこの後悔は捨てたほうがよいということです。人生で幻の花を追い求め、何かにとらわれて生き続けた結果、晩年に結局何も残らなかったと気づく人もいるでしょう。

ビジネスの世界も自然界と同じ原理で動く

ビジネスにおける空華とは、いったい何でしょうか？　それは、お金です。お金をつかもうと思うのは、空気をつかむのと同じです。じつは、つかめているようで手の中に何もつかめていないのです。しかし、実体が見えなくても、誠実にビジネスを続けていれば、顧客やパートナー企業との信頼は着実に強まります。その結果、少し遅れてお金が必ずついてきます。逆に、お金しか見ておらず利益だけを追求すると、最終的に何もなくなり、事業が倒産に追い込まれてしまうのも必然です。

ビジネスは、自然の原理と同じです。世の中に多くのものを与えたい、幸せにしたいと思って経営すると、やがてエネルギーが循環していきます。自社の商品やサービスで幸せになった人の分だけ、プラスのエネルギーがもらえるのです。結果として事業が成長します。同様に、自然の山川草木は、雨が山に降り川になり、草木に水を与え、草が朽ちて土の養分となり、山に木が茂る。川の水は海へ流れ、水蒸気が雲になり、雨を降らせ…と循環しています。人間の都合で森林伐採をしすぎた結果、この循環が崩れつつあるのが現代です。自分の都合だけでなく、全体にエネルギーが回るよう、全ての存在が調和して生きることが幸せに生き続けるための真理です。

あなたの人生を豊かにする「循環の法則」とは？

ビジネスもお金も自然も全て循環の法則で回っています。循環の法則とは「全ては時間も空間も超えつながっており、循環している」ということです。そして、地球も宇宙も同じ原理で動いており、万法一如なのです。この循環の原理を体得することが、あなたの人生を豊かにします。

坐禅の中では、自分が生きていることの奇跡を感じることでこの法則を体得することができます。あなたの細胞一つひとつから構成される骨、臓器、筋肉、脂肪、皮膚、毛などの全てが宇宙と調和して活動し、あなたを生かしていると認識してください。この奇跡に心から感謝できる自分になることが、全ての根源となります。

心は、事象を動かす物質エネルギー

法異法無　妄自愛著　心将心用　豈非大錯

迷寂乱生　悟好悪無　一切二辺　妄自斟酌

間違った法などないが、法を妄りに愛するあまり法にとらわれてしまう。
自分の心をもって自分の心をなんとかするのは誤りである。
迷うと判断を下せなくなり、悟れば好き嫌いなく判断を下せる。
一切の二元対立は、自分勝手な考えから生まれるのである。

——信心銘

言霊はプラズマと同じである

心で思ったこと以外は現実になりません。量子力学的に表現すると、心から物事を動かす素粒子が放出されていると説明できます。さらに、素粒子は言霊(ことだま)とも表現できます。

言霊はプラスにも働きますが、マイナスにも働くので注意が必要です。例えるならば、自然界に存在するプラズマ（稲妻）と同じだといえます。プラズマは、地球を育てる作用もありますが、自然災害を起こす原因にもなります。そう考えると、私たちの放つ言霊で自然界の生態系が左右されると言っても過言ではありません。

心の状態で観ている世界は変わる

冒頭の禅語は、心の状態で自分の観ている世界は変わるということを伝えています。真理は一つしか無いのですが、感情バイアスが働くと、適切に判断を下せなくなります。例えるなら、自分の目を自分の目で観ようとするのと同じです。いくら観ようと努力しても、正しく観ることは不可能です。逆に、修行が進み、悟って心が平静になると、客観的に判断を下せるようになります。心が調和された状態だと「起こっている事象に善悪はない」「ただただ事象が起こっている」と受け止める、ニュートラルな心持ちになるのです。そのような心持ちであれば、感情バイアスに影響されずに物事をありのままに観ることができます。結果として「その物事にどう対処するのがよいのか?」について正しく判断が下せます。

人の心を惑わす「金の魔」に気をつけよう

多くのビジネスシーンでは、お金が原因で感情バイアスが掛かっています。出世のため、ボーナスのため、会社の赤字を埋め合わせるため……と金欲に端を発した感情バイアスには枚挙に暇がありません。企業や個人の金銭絡みの不祥事は絶えずニュースで流れています。お金のエネルギーは強力です。筆者はそれを「金の魔」と呼んでいます。もちろんお金がなくては、生きていけません。しかし一度「魔」が入ってしまうと、相手も世間も関係なく、自分都合でお金を得ようとします。魔に入られることを防ぐためには「自分は仕事を通じて何を実現したいのか?」ということを明確にすることです。それが明確であれば、金の魔が入る隙はありません。

企業研修の一貫で坐禅を取り入れる際には、「仕事を通じて成し遂げたいことは何か？」を自分に問う、**内観坐禅**をしてもらいます。日々の仕事の忙しさやプレッシャーを感じていると、最も大事なことが隅に追いやられがちです。内観坐禅で自分の求めているゴールをしっかりと観つめることで、「魔」が入る隙はなくなります。お金とは「程よい間（ま）」で付き合うことが大切です。

心は物事を実現できる強力なエネルギーです。宇宙と心を合わせ、自らの言霊を宇宙に発していけば、必ずやりたいことは実現できるものです。日ごろから、プラスの言葉を発することを心がければ、少しずつ結果が良くなっていきます。

禅の教え 50

禅は"なりきること"から始めよ

一寸坐れば一寸の仏

僅かな時間でも坐禅をすれば、僅かな時間を仏として生きたことになる。

――出典不明

他人を真似ることが上達の近道

私たちが生まれてから学んできた事柄の多くは、先人の知恵の習得、つまりは先人の真似です。初めは、どのようなことでも真似事から始めます。道元禅師は正法眼蔵随聞記の中で「仏仏祖祖皆本は凡夫なり」と言っています。これは、「ブッダももともとは普通の人である」という意味です。誰しも正法を学び、禅行を積むことで仏となれるという修行の大切さを説いています。

そして、何事も〝なりきること〟が上達の近道といえるでしょう。素人でも、最初から達人に「なりきる」ことは誰でもできます。そして、なりきったイメージと現状の自分の差が何なのかをよくよく観つめることで、自分が探求してゆく道がはっきりと観えます。どんなことに取り組むのでも、極みにたどり着く道は人それぞれ違います。

禅ではもう一人の自分が、ありのままの自分を観ます。そして、「自分の心のゴミがどれだけ祓い清められているのか？」「ゴミがあるならば、何に執着しているのか？」「自分にはどんな煩悩があるのか？」などを観てゆきます。それに気くことができれば、坐禅で呼吸と共に吐き出せるのです。

短い時間でも坐禅しただけで悟りの道を歩いている

冒頭の禅語「一寸坐れば一寸の仏」は、坐禅においてなりきることの重要性を伝えています。少しの時間でも坐禅をしたらその時間は悟った仏になっているという意味です。

「修証一等」という禅語もあります。修行と証（悟り）は一体であり、禅の行をしていること自体が、すでに悟っているという意味です。

「ほんのすこし修行しただけでは意味がないのでは？」と思う方もいるかもしれませんが、安心してください。「坐禅をしよう」と思い、本書を手に取って、「正法を学び自分を磨こう」という行動そのものがすでに悟りの道を歩んでいるのです。悟りはゴールがあるものではありません。その道を歩んでいるプロセスが悟りなのです。

最初は誰でも素人です。かくいう筆者も50年前は何も知らない小坊主でした。しかし、最初から「禅僧として修行をし、絶対に悟る」と決めて生きてきました。本来、お寺の仕事だけをするのであれば、ここまで禅を研究する必要はありません。しかし、「絶対に悟る」と胸に刻印し、仏法の真理を探求して修行を続けてきました。そして、1987年に縁もゆかりもない青森県十和田にある現在の観音寺の2代目住職を引き継いだのです。当時、檀家は一件のみ。本堂建立のための借金約3億円を返さねばならないという、経済的に大変厳しい環境からのスタートでした。

未来を信じる心が大きな花を咲かせる

檀家が一件では、当然、法事もほとんどありません。寺の掃除をしているときに、声を掛けてくれる方と話し、悩みを聞いたり、仏法の智恵をお伝えしたりすることをコツコツと続けていました。心の病で悩んでいる方の相談に乗り、新たにお墓を立てたいという方の相談や、近くに住んでおらずお墓の管理ができないので、寺で供養をしてほしいなどの相談に対して、全てを捧げる毎日でした。

そんな日々を続けて35年が経った今、有難いことに一千件を超える檀家さんと共にあります。禅の修行と叡智の学びを続け、実践してきたことが間違っていなかった。心からそう信じています。

大成する人や自己成長する人たちは、最初から「絶対こうなる!」という未来の姿になりきっています。そして、坐禅をすると決めて坐ったとき、あなたはもうすでに悟っているといえるのです。

あとがき

経営哲學の根っこ、宇宙根源の力は、全てを生かすように働いている。
宇宙の生成発展の法則に従えば、物事は必ずうまくいく。

松下幸之助

現パナソニック、松下電器産業創業者の松下幸之助は京都東山の南禅寺の側に邸宅「真々庵」を構えました。そこで坐禅をし、南禅寺の禅僧から禅の講義を受けたり、問答をされていました。前述の「宇宙根源の力は、全てを生かすように働いている」とはまさに悟りの世界を表している言葉といえます。禅を学び、坐禅をする中で、経営哲学の真理を体得されたのだと思います。

全宇宙の真理は一つです。２６００年前にお釈迦様が坐禅の中でそれを悟り、その真理を説いたのが仏の教え「仏教」です。禅は、その真理を理論で学び、坐禅の実践で体得できるようにした叡智です。

本書では、禅の教えをビジネスや人生に生かしていただけるように、特に道元禅師の教えの真髄をできるだけわかりやすく書きほぐしたつもりです。

禅に関する本やインターネットの情報が増えたことは喜ばしいことですが、残念ながら禅の表面上のノウハウをすくい取っただけの情報も多いのも事実です。

現在、皆さまに禅の教えを人生に活用していただきたいと考え、従来の常識にとらわれず、さまざまなことに挑戦中の道半ばです。そして、実際に多くの方の人生が好転する様を観ながら、禅の叡智のすばらしさをあらためて確信しています。

情報の海に溺れ、人生の軸を見失う方が増えている激動の時代だからこそ、禅の叡智が大切だと感じております。インドでお釈迦様から伝わった教えが、中国、日本へ命がけで伝わり、多くの先人たちが、粘り強く禅の本質を伝えてくれた事に感謝しかありません。これからも恩返しのつもりで、生涯を通して禅を伝えてゆきます。皆さまが禅を学び、実践し、ご自身の本性に出会い、幸せで豊かな人生を歩んでいただけたら筆者としては本当に嬉しい限りです。

末筆ではございますが、最後までお読みいただき、本当にありがとうございました。また、本書を読んだ皆さまと実際に会えることを楽しみにしながら、筆を置きたいと思います。

2024年3月吉日

前田憲良
井橋団平

■ 著者紹介
前田　憲良（まえだ　けんりょう）【僧名：憲良（けんりょう）】
1955 年岩手県生まれ。
駒沢大学仏教学部卒業。
岩手県の曹洞宗報恩寺専門道場、神奈川県の曹洞宗本山総持寺にて修行。
2004 年より青森県十和田市の曹洞宗高雲山観音寺住職。
これまでに 10,000 人を超える一般の方への坐禅指導。
経営者リーダー向けの禅講座「圓心塾」塾長。
■圓心塾 HP：https://enshin-juku.com/

井橋　団平（いはし　だんぺい）【僧名：興禅（こうぜん）】
1974 年 埼玉県生まれ。
立教大学経済学部卒業。
卒業後リクルートの求人事業での、営業、管理職、代理店 SV を経て、
2010 年経営・マーケティングコンサルとして起業独立。
2020 年曹洞宗高雲山観音寺にて出家。2021 年㈱興禅にて「圓心塾」主催。
ご質問、お問合せ：kouzen.enshin@gmail.com

企画協力：潮凪洋介（HEARTLAND Inc.）／編集協力：町田新吾

教養としての禅
人間力を高める悟りの教え50 講

2024 年 4 月 30 日　初版第 1 刷発行

■著　　者——前田憲良・井橋団平
■発 行 者——佐藤　守
■発 行 所——株式会社 大学教育出版
〒 700-0953 岡山市南区西市 855-4
電話（086）244-1268(代)　FAX（086）246-0294
■印刷製本——モリモト印刷 ㈱

本書に関するご意見・ご感想を右記サイトまでお寄せください。

ISBN978－4－86692－264－5